# 憤怒的勇氣

怒る勇気

對不合理表達公憤，
這個世界與你的人生
就會改變。

岸見一郎

## 第3章 不要屈服於壓力 104

## 第4章 莫忘憤怒

# 前言

有些人的人生一帆風順，總是心想事成，從小就沒有經歷過什麼挫折，即便有時會遇到一點麻煩，但整體來說還算是如意；還有些人不曾生過大病，過著還算健康的生活。

然而，即便人生過得幸福的人也會有遭受阻礙的時候。沒有人能避免生老病死的過程，就算是和衰老沾不上邊的年輕人，也會突然生病，或者是遇到意外而受重傷。我們根本不知道什麼時候會碰到地震、颱風、海嘯這類天災。

原本預計出門和別人見面，但因交通事故而無法赴約。像這種情形只要再改約時間就好，對生活不會造成太大影響。然而，生病則有可能會失去工作。如果覺得自己再也無法改變現況，可能會變得不知道接下來該怎麼過活，甚至因此感到絕望。

此外，他人也有可能會阻礙自己的人生。想做一件事的時候，就會出現干涉的人。想結婚，卻遭父母反對；即便決定不結婚，父母也不會就此罷休。一起工作或生活的人，也會因為意見不同而產生衝突。

在職場上，會碰到上司拋出無理的要求。被迫假裝沒看到上司營私舞弊或被迫說謊的時候，即便心裡不苟同，但考量到自己的生活，根本沒辦法違背上司的命令，只能默默聽從。然而，按照上司的指示去做，出問題的時候，上司又會把責任推給下屬，說是底下的人自作主張。就算真的是下屬自作主張，上司也不能說自己不知情就不用承擔責任，但是遭殃的還是下屬。

無論如何，用不合理的要求為難下屬的上司，就是阻礙自己人生的絆腳石。之後下屬應該會悔不當初聽從上司的指示，只是現在回想起來，推說「當時的我為了保護自己，不得不聽從上司的指示」，也已經毫無意義了。

無論怎麼說服自己，還是無法原諒自己答應不該答應的事情，也無法原諒自己沒有拒絕上司不正當的要求。這樣的人雖然在上司的命令下協助營私舞弊，但良心一直受到苛責。

問題出在那些不認為自己的行為很可恥的人身上。應該也有同事按照上司說的去做，然後得到升遷的機會吧？既然如此，為什麼只有我必須負責呢？這樣不是很不公平嗎？對這樣的人來說，上司就是阻礙自己存在的絆腳石。

人生還有更大的阻礙，那就是政治。即便從沒想過政治人物能為自己謀求幸福，但也不會希望毫無對策的政客為自己帶來不幸吧！新冠肺炎的疫情蔓延，導致人們生活的樣貌大幅轉變，當初應該沒有人想到世界會變成這樣。新冠肺炎不同於其他疾病，因為感染性很強，所以光靠個人的力量根本就沒辦法防範。政府必須積極提出抑制感染擴散的措施才行。儘管如此，政府的對應措施全都以失敗告終。新冠肺炎是未知的病毒，無論怎麼採取措施都沒有效也屬正常。既然知道目前的方法錯誤，就應該馬上撤退，但是政府並沒有這麼做。政府明知這件事不可能隨時間過去而解決，卻一直把焦點放在疫情獲得控制之後，重視經濟更勝於生命，這樣的政治體制讓國民根本不可能安穩地度過這段日子。

遇到像這樣讓自己很難過得順遂、人生充滿阻礙的事情時，我們難道只能絕望嗎？我們沒辦法度過毫無困難、一帆風順的人生。然而，我們也不想因為人生受到阻礙就放棄。那究竟該怎麼辦呢？

首先，我們必須釐清自己做得到和做不到的事情。人生總有無法避免的事情。雖說不想死，但是每個人總有離開這個世界的一天。人會生老病死，這是大自然的法則。儘管如此，我們還是能決定要如何接受這些無法避免的事情。

雖然一樣都是無法避免的事情，但有些並非大自然的法則。我們無法避免生病，但若是醫療過失而失去生命，就不能歸類為大自然的法則。即便醫生願意拼命治療病患，但只要醫院滿床，患者仍然無法接受治療。平時或許能得救的生命，在疫情期間很有可能被犧牲。地震和颱風屬於自然災害，但如果沒有採取必要措施導致受災範圍擴大，就不是天災而是人禍。國家和為政者要求國民自力救濟，對新冠肺炎毫無作為，或是沒有提出有效的對策，因此導致感染人數增加，這也是人禍。

本書想探討的是該如何面對現在這個世界發生的種種不合理。我在過去的著作中曾經談論過憤怒本身的問題，主要是按照教育、育兒或者領導者理論的脈絡，探討和他者連結的方式。

情感上或情緒上的憤怒雖然可以立刻解決問題，但是如果無論怎麼罵，同樣的事還是反覆發生，那就不算有效。儘管如此，不知道其他方法的人還是會繼續罵下去。因為他們無法放棄希望，認為只要再更嚴厲地罵小孩或下屬，對方一定會痛改前非，所以才會不斷重複做相同的事。

有人認為憤怒和責罵是兩回事，憤怒本身雖然有問題，但在教學、教育上就需要責罵。然而，沒有人在責罵別人時是不生氣的。憤怒會拉遠人和人之間的關係。養育或教育孩子時，都有必須傳達的事情。這個時候如果人和人之間的心理距離拉遠，即便父母、老師或上司說的話沒有錯，受責備的一方也無法接受。義正嚴詞反而更令人難以接受。大多數人會犯的錯，就是在責罵、怒斥對方，導致雙方心理上的距離疏遠之後，才想要教育對方。這根本是不可能的任務。因此，遇到這種情況時，絕對不能責罵或怒斥對方。針對這一點，我的想法至今仍沒有改變。

我否定人際關係中的責罵和怒斥。然而，在現在這個充滿不合理的世道中，我們必須憤怒。我在《被討厭的勇氣》一書中，提到哲學家所說的「公憤」。有別於情緒化的「私憤」，公憤是對營私舞弊、侵害人類尊嚴的憤怒。當人們忘記這種憤怒時，世界上就會到處充斥營私舞弊的歪風。

前述舉出一些目前已經出現的不公不義，但那只是冰山一角。對這些事情，我們絕對不能袖手旁觀。不覺得憤怒或是感到憤怒也默不作聲，就等於是認同這些不合理的事情發生。

我想透過本書探討「何謂公憤」。該憤怒的時候而沒有表達憤怒，究竟會發生什麼事情？我們又該如何抱持公憤？人只要擁有真正的憤怒，這個世界就一定會改變。無論如何，我們一定要改變世界。

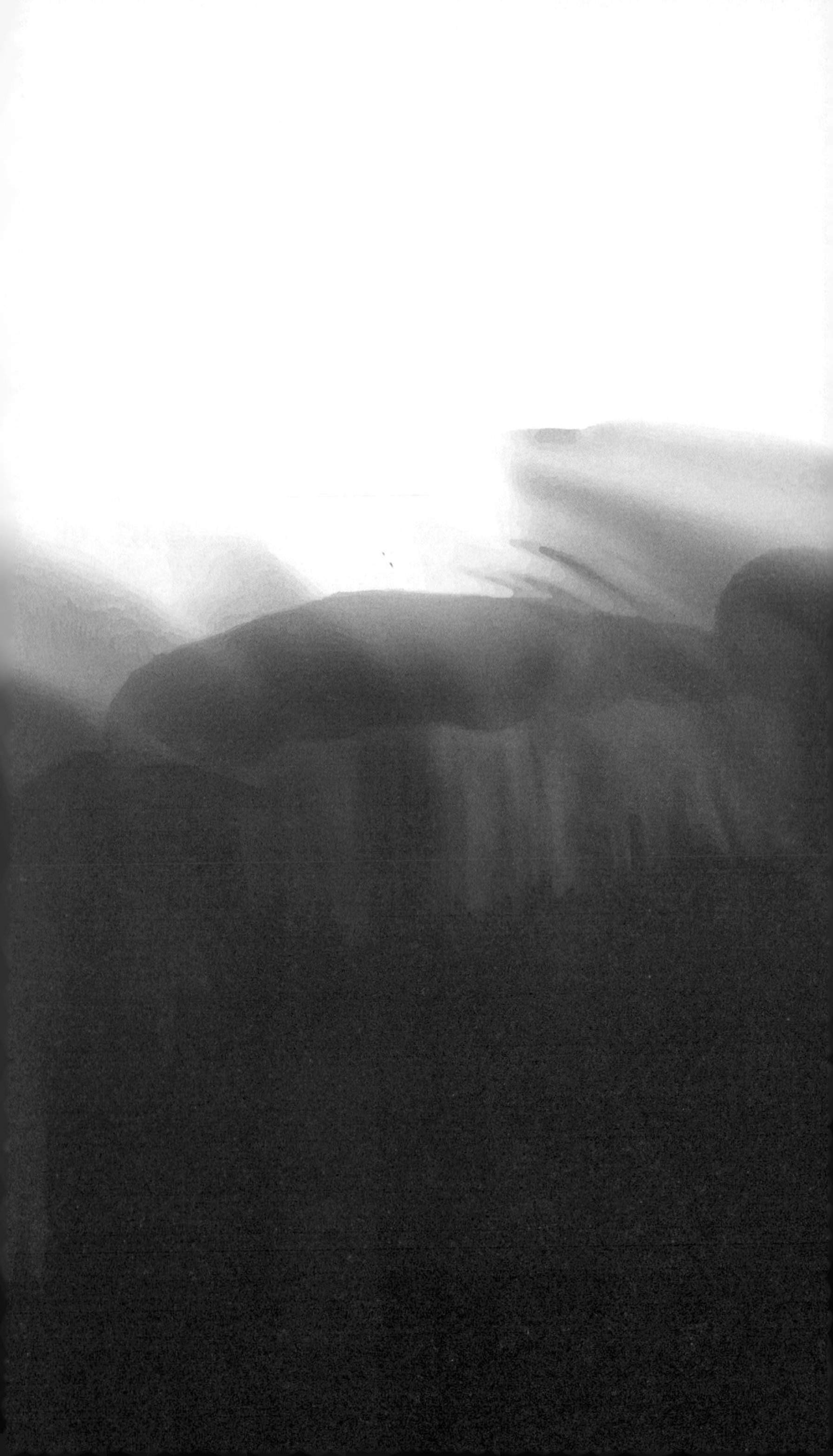

# 第一章

# 挺身對抗不合理的現實

## ♜現在發生的事情都毫無道理可言

這個世界上發生很多不合理的事情。

許多企業期待二〇二〇年會出現東京奧運的商機，但在新冠肺炎的影響下，事情發展背道而馳。政府判斷不能冒疫情擴大的風險舉辦奧運，所以決定延期。在感染持續擴大的情況下，我實在無法對二〇二一年舉辦的奧運抱持期待。應該只有不顧西日本豪雨災情仍盡情享受酒宴的人，才能在疫情中還覺得看奧運很有趣吧！

過了一年，新冠肺炎感染的趨勢仍然沒有減緩。為了抑止新冠肺炎疫情擴散，人民長期自我約束，但舉辦東京奧運根本就等於是我們在下游拼命打掃，而政府卻汙染上游，簡直就是蠻橫至極。為了國家的威信，不惜賭上國民和世界各地人們的性命，如果說有人不覺得這種行為不合理，還盡情享受奧運，那就是在逃避每天有很多人染疫死亡的現實。

威脅生命的地震、颱風、大雪也會讓平凡的日常為之一變。像平常一樣出門去上班，很有可能會遇到意外，導致再也無法回家。我們總是輕鬆地說出「平凡的日常」這種話，但是原本以為會一直日復一日的日常生活和秩序，很容易會因為和妨礙人生的他者之間的關係或發生的事件等外部因素而崩壞。應該很少有人能從容地接受吧！

英文的「hour（小時）」語源來自古希臘文「Hōra」。這個字代表天地恆常的「季節」。形容詞「hōraios」表示「合時宜」、「很好」的意思，不過也和表達「正確」、「正義」等人類行為規範的觀念完全相同。（藤澤令夫《希臘哲學與現代》）

海希奧德的《工作與時日》一書中提到：

「主掌大地與豐收的女神狄蜜特總是按時讓大地開花結果。」

「按時」就是「hōraios」。「平凡的日常」和農作物盛產的時節都是「hōraios」。然而，很有可能因為颱風的關係，稻穗就在收割前倒下，蘋果也可能在採收前就落果。

為了防止新冠肺炎的疫情蔓延，人們不惜砍掉盛開的百合花或紫藤花，以免人群聚集。以公開轉播奧運的名義，砍掉公園裡的樹木。因為禽流感而撲殺養雞場裡的雞隻，或者是農作物在颱風或人為因素下，未到採收的季節就落果或提前收割，這些情況都不符合「hōraios」。讓人不得不哀嘆世道怎麼會變成這樣，怎麼會發生這種不合時宜、毫無道理的事情。

更進一步說，我之所以看到這樣的狀況會覺得心痛，是因為我認為大自然是有生命的。古希臘哲學家們認為萬物的根源來自水與空氣，水與空氣不是物品，而是「靈魂」與「神明」。對於這種想法，沒有人能駁斥它毫無科學根據。政客們即便以砍伐樹木、填海造地的方式破壞大自然，心裡也不會有任何愧疚，因為他們不認為大自然擁有生命。無論大自然以什麼形式消失都會感到心痛的人，就如古希臘人一樣，認為大自然擁有生命。因此，看到稻穗因為颱風倒下或是蘋果在採收前就落果，都會覺得彷彿看到年紀輕輕就死亡的人一樣惋惜。

不過，如果是在大自然中發生的事導致這種結果，或許還說得過去，但人類破壞大自然就毫無道理可言了。

## ♜ 無法接受親人和自己的死亡

人無法永遠保持年輕，也沒有人一輩子都不生病。而且，每個人都會死。雖然這是大自然的法則，但即便一個人安享天年，符合剛才提到的「hōraios」，也就是在合時宜的時候迎接死亡，家人仍然無法馬上就能接受。

我無論多長壽，也很難從容接受自己的死。無論到了幾歲，都會像杜斯妥也夫斯基《白癡》裡面的死刑犯一樣，說：「這麼突然，讓我很困擾啊！」雖然這名死刑犯知道自己早晚都會執行死刑，但是比雨季的時間還早行刑的時候，也會嘆口氣說：「這樣我很困擾。」

有位老哲學家一生著述良多，晚年用口述的方式撰寫稿子。某天，這位哲學家在口述的時候，突然冒出一句：「我的人生到底是什麼啊？」在死亡將近的時候，回顧過往的人生，發現自己的一生毫無價值時，真的很令人心痛。

無論是老年或是青春，面臨死亡的時候總覺得比自己想像來得早，這樣的人會覺得自己的死很不合理。

尤其是年輕人因為疾病或意外死亡時，更會覺得這樣的死亡毫無道理可言。這種死不合時宜，等於是在錯誤的時間死亡。無論父母或亡者本人應該都會這麼想吧！突然失去年輕孩子的父母會哀嘆孩子要是沒有年紀輕輕就死亡，而是好好活著的話，應該就能好好享受人生。但其實孩子如果繼續活著，也有可能會體驗到更悲慘的人生也說不定。

生病的人會覺得為什麼只有自己會碰到這種事，明明比別人還注重健康，為什麼是我生病，而不是別人呢？

即便是在本人的意願下安樂死，家人也不會認為這樣的死合乎時宜吧？

因為新冠肺炎而失去所愛之人的人，應該會憎恨冠狀病毒，甚至有人將病毒視為敵人，把現在的狀況比喻為人類與病毒之間的戰爭。然而，病毒對人類不存在憤怒或憎恨等情感。即便這麼想，也只會陷入不甘心為何自己非死不可。

## ♜ 究竟誰該負責那些難以接受的死亡

還有另一種狀況會讓人覺得不合理。衰老、疾病、死亡、地震、海嘯等天災無法避免，但是除了不可抗力的因素之外，如果還有其他原因造成死亡，就會讓人覺得不合理，也很難讓人接受。

地震和海嘯屬於不可抗力的災害，但政府沒有採取必要的防災措施；如果人類沒有建造核電廠，就不會因為事故而造成核汙染、導致居民被迫遠走他鄉，這些情況都讓人覺得不合理。

因為長期住在避難所，最後導致自殺。對遺屬而言，這些人的死也都很不合理。被捲入事故或犯罪之中導致死亡的情形也一樣。

如果是生病，手術不一定會成功。手術過程中有可能發生突然血壓下降，導致心臟驟停的意外，即便拼命救治也回天乏術。醫師雖然會對家人說明原因，但家人也很難馬上接受事實。如果是在醫療過程中有所疏失導致病患過世，家屬就會覺得病患死得冤枉，更加無法接受死亡的事實。

英國的精神科醫師連恩（R. D. Laing）在自傳中提到宗教哲學家馬丁・布伯（Martin Buber）的故事。（《智慧、瘋癲和愚昧》）

「布伯站在講臺的另一端，正在講述人類的條件、神明、亞伯拉罕的契約時，突然用雙手抓住眼前又大又厚重的《聖經》，把《聖經》從頭頂最高處往講臺上丟下，用盡全力伸直雙手吶喊：『現在集中營裡發生那樣殘忍的大屠殺，這本書到底有什麼用啊！』」

身為猶太教徒的布伯，對神在猶太人身上做的事感到憤怒。因為他認為神創造的這個世界，不應該發生猶太人大屠殺才對。

## 因生病而發現「有價值的東西」

有人會逃避生命的不合理和人生中的痛苦。

古希臘人認為：人沒有誕生才是最幸福的事，第二幸福的事則是出生後馬上死去。

如果人生中從未遇過挫折、過得一帆風順，那或許就無法理解希臘人認為沒有誕生才是最幸福的事。對這樣的人來說，會覺得人應該要迴避死亡，根本無法把死亡當成一件好事。

然而，原本以為接下來的人生不會有什麼大問題，不料卻突然發生阻礙人生之路的大事時，就會讓人覺得前途茫茫。

身體感到劇痛或者無法自由活動的人，會思考這些痛苦究竟要持續到什麼時候。人在健康的時候，覺得明天的到來是理所當然的事，完全不會有「如果要持續痛苦下去的話，不如沒有明天」這種想法。

我五十歲的時候因心肌梗塞住院。一大早發病，被救護車送到醫院。醫生告訴我是心肌梗塞的時候，我意識到死亡。雖然幸運留下一命，但是剛開始在加護病房的那幾天，我無法自己翻身，只能在護理師的幫助下，每隔幾小時翻一次身。不知道是不是因為加護病房裡沒有時鐘，還是因為翻身後看不到時鐘，被翻向看不到時鐘那一面時，我覺得時間靜止了。雖然已經不像剛住院時那般一直感受到身體上的痛苦，但是心裡覺得活著真的好苦。

身體健康的時候覺得明天會理所當然地到來，但是當我發現其實那並非理所當然時，以前認為很有價值的東西，現在看來都一文不值了。

我曾經聽說國小同學的媽媽生病時，爸爸在病床上亮出一疊鈔票，然後說：「我會用這些錢把妳治好！」

同學的爸爸應該是覺得只要接受治療，病就一定會好，而接受治療需要錢，既然他手上有這筆錢，無論如何都能治好媽媽的病。當我聽到這件事的時候，心想並不是有錢就能把病治好。

我不知道同學的媽媽後來有沒有康復。如果沒有康復，就會知道有錢也不見得能治好病的事實，說不定會因此感到絕望。人生病的時候，就會像這樣發現以前深信不疑的事情，並非絕對。即便是覺得有錢就能實現所有願望的人，也會了解金錢並非萬能。得知無論自己再怎麼想逃離痛苦也無法如願的時候，一定會很震驚。

## ♜因感染新冠肺炎而須面對不合理的現實

不見得是因為事情本身，才讓人對於不合理的現況感到憤怒或絕望。

憎恨疾病、認為疾病是應該被壓制的「戰鬥」對象，不只會讓疾病本身汙名化，也會讓病患受到影響。（Susan Sontag, *Illness as Metaphor and AIDS and Its Metaphors*）不光是病毒，感染病毒的人也會被汙名化，導致感染者變成被憎恨的對象，必須因為遭病毒感染而受譴責，即便康復也要出面道歉。

就算生病了，也無法得到同情。尤其是傳染病，明明不是出於自願，還是會因為這樣遭受責備，被批評「這樣會害他人背負可能被傳染的風險」，得傳染病的人一定會覺得這樣的現況毫無道理吧。

發生這種事情的時候，可怕的不是疾病，而是人。生病本身很痛苦，但是生病時的人際關係更讓人覺得活著很苦。

一旦生病，就表示隨時都有可能死亡。如同前文所述，這是大自然的法則，但是像新冠肺炎這種傳染病，若是因為政府沒有採取適當的措施阻止病毒擴散，最後造成人民死亡，這樣的死就不合理，只能說是人禍。

古希臘雅典在西元前四三〇年的伯羅奔尼撒戰爭時出現傳染病。即便是自己的家人，大家也會因為怕被傳染而不敢照顧病患，導致病患只能獨自死去。看到無法為家人的死亡悲傷，而只是感到茫然的景象，慈悲的修昔底德認為這樣的狀況非常可恥。他不顧自己的生命安危也要去探望不幸感染的友人，結果自己也因此染病犧牲。（《歷史》）修昔底德可能沒想到自己會被傳染，當時的人們應該也覺得這種犧牲毫無道理可言吧。以現在這個時代來說，等於是拼命治療病患的醫療從業人員因為感染新冠肺炎而犧牲性命一樣。

營私舞弊盛行的惡政會讓人變得不幸。雖然沒想過政治人物能為自己謀求幸福，但也不想因為政客而變得不幸。不關心國民、在疫情中趁亂中飽私囊，甚至在國家面臨危機的時候通過一點也不緊急的法案。把國家交給毫無對策的無能政客，會讓國民的生命暴露在危險之中。

人生並非一帆風順。人只要活著，就免不了要經歷好幾次曾經碰到過的阻礙。有時候在碰到阻礙的當下，只會覺得豈有此理。

## ♜處置法（一）毫無作為

那麼當我們碰上這種阻礙人生的困難與不合理的狀況時，該怎麼處置呢？接下來舉出幾種可能的處置方法，然後分別來思考這些方法的特徵和問題。逐一檢視之後，我會公開我個人的立場。

首先，第一種處置的方法是無論發生什麼事都不做回應。

畢竟是要討論處置方法，什麼都不做或許不能算是處置方法，不過如果想成是自己要面對的現實，那什麼都不做應該也算是一種方法吧。

哲學家田中美知太郎有兩個朋友在關東大地震的時候把頭鑽進桌子底下，但因無處可逃，所以身體還在椅子上。

「後來朋友說我泰然自若，大力稱讚說哲學家果然不一樣，不過我當時應該只是覺得很茫然而已。」（田中美知太郎《時代與我》）

如果早就決定發生地震的時候絕對不逃、靜靜待在原地，那就處於「什麼都不做」的範疇。

人生不會盡如所願。即便覺得現在就是最幸福的時刻，也有可能突然就墜入谷底。拼命考進的公司卻倒閉，這也不再是新鮮事。

一旦有過這種經驗，就會認為人不可能永遠幸福。這時有人會覺得這就是命，反而泰然自若，但也有人會流著眼淚哀嘆自己怎麼這麼不走運。

健康的人突然生病，就會開始想自己能否在生病前就做些什麼預防疾病。生病的事實已經無法改變，誰也不知道接下來會怎樣。儘管無法改變，但回首過往，還是會一直後悔當初怎麼沒有防範於未然。

因心肌梗塞而住院時，我的主治醫師曾經說：

「人會出現『為什麼是我』這種受害者心態，覺得別人都活得很好，只有自己倒楣。」

我明明不抽菸、不喝酒，為什麼是我遇到這種事？不是年紀大的人才會得這種病嗎？為什麼我還這麼年輕，就必須經歷這種彷彿徘徊在死亡深淵的事呢？脫離生命危險，情緒比較冷靜的時候，我的確曾經在病床上想過醫師所說的那些話。

有這種想法的時候，每個人的處理方式都不一樣。有人無法接受只有自己遇到這種事，甚至會因此感到憤怒，也有人只會哀嘆自己生病有多悲慘，但是什麼也不做。

人際關係也無法如自己所願。並非每個人都是對他人抱持善意的好人。每個人都有可能會遭受無憑無據的中傷、莫名被瞧不起等不合理的對待。

這種時候即便確定自己是對的，沒有做什麼得罪人的事情，也不會去對抗批評自己的人。應該是說無法對抗吧。

無論再怎麼自怨自艾，都無法避免生老病死。現在的確因為醫療技術發達，以前的不治之症已經不難治療，甚至有可能治療後完全康復。人類雖然因此延長壽命，但還是難逃一死。

也就是說，什麼都不做只是坦然接受也是一種見解。只不過當人面對不合理的困難時，什麼都不做就不會發生任何改變。然而，儘管選擇什麼都不做，實際上也不可能沒有任何情緒。

面對困難的時候，有人因為自己束手無策而感到絕望，甚至大哭。就算沒有到這種地步，也有可能意志消沉。如此一來，即便不是刻意為之，周遭的人也會因此有所動作。

譬如孩子只能用哭的方式來表達自己想要做什麼。父母聽到哭聲，就會知道孩子現在想要什麼。對孩子來說，哭是為了活下去的必要技能。

然而，當孩子長大，自己能做的事情就要自己去做。儘管如此，習慣依賴大人的孩子還是會依賴周遭的人。自己遇到的困難只能自己解決。當然，並不是所有事情都能靠自己的力量解決，所以有的時候必須依賴別人，但問題在於有些人一開始就想靠別人解決，自己什麼都不做。

因為看到可怕的東西而放聲大哭的孩子，會選擇閉上眼睛不去看。當然，閉上眼睛並不會讓狀況有所改變。張開眼睛之後，世界依然很恐怖。

下一個問題是，選擇什麼都不做、接受現況的人，試圖透過自己的毫無作為去策動其他人。哭泣無法改變現況，但只要哭出聲，周圍的人就會代替自己去做本來應該做的事情，知道這點的孩子長大成人之後可能會繼續依賴他人。

接下來我們會繼續探討該怎麼做才好。然而，當事情發生在自己身上的時候，什麼都不做是一件很奇怪的事。

地震、海嘯、颱風等自然災害無法避免。以前或許會因為突然來襲的強風豪雨引發房屋倒塌、河川氾濫，導致人們死亡，但現在已經能預測颱風路徑，提前讓人們在災害發生前先行避難。預測雖然沒辦法完全命中，但只要提前避難，就能避免最糟的結果。

即便知道這種災害有可能會發生，若長年沒有經歷過地震或海嘯，人類就很難持續對災害保持警覺，而災害往往是突然出現的。

眼下為了防止席捲全球的新冠肺炎，已經開始接種疫苗，但政府毫無對策幾乎可說是沒有任何作為。作家多和田葉子這樣說：

「日本應該有很多人認為，只要靜靜待著，疫情就會自然而然地過去吧？人只要低著頭走路，就無法看到這個世界的狀況。我想要搖醒那些低著頭的人，想告訴他們現在正面臨危機，想讓他們看到更宏觀的景象。」（〈日本只是在默默等待疫情過去，未免也太不可思議　多和田葉子觀點〉《朝日新聞》二〇二〇年九月三日）

雖然告訴大家目前正在面臨危機還不夠，但是不只新冠肺炎，所有的危機都不會自然而然地過去。

## ♜處置法（二）配合周遭環境

第二種處置的方法是自己去配合周遭的環境。也就是說，並非毫無作為地接受正在發生的事，而是改變自己試著去接受。

我因為心肌梗塞的關係被迫靜養，就連翻身都無法自主完成，當時我就在想為什麼自己會變成這樣。我想著即便一直埋怨自己多麼不幸、怎麼會遇到這種事、責怪自己或別人，都無法改變已經發生的事。

然而，不只疾病，為了接受已經發生的事，就算認為發生在自己身上或發生在這個世界上的事情有多麼不合理，也只能透過某種方法為此賦予意義。即便發生多麼不合理的事，也一定有其意義。「人生中發生的事沒有一件是徒勞的」，用這樣的想法去接受它。

人際關係也一樣，既然沒辦法改變對方，那就只能改變自己。即便對方說了很過分的話，只要認為對方的言行背後一定有善意，那就會變成重新審視與對方關係的契機，讓人覺得能改善兩人之間的關係。

自然災害一定會發生，人類無法避免，但是以颱風為例，我們可以透過預測路徑把傷害降到最低。

這是自己去配合周遭環境的例子。雖然很久之前就知道可能會有大地震，但是以現在的科學來說，還不能準確預測地震的時間。傳染病也一樣，只要是未知的東西，即便能夠在一定程度上預防疫情擴大，但畢竟不知道會發生什麼狀況，就算參考以前的案例也很難做出準確的判斷。

改變世界或他人很困難，但只要認定無法改變，那麼無論發生的事情或他人的言行有多麼不合理，人也會反過來肯定現況。所謂的「放棄」就是「明顯」看得出來有沒有改變的可能。即便是疾病、衰老或是自然災害，人也不是完全束手無策。

有些人會認為「只要我改變就好了」。「我改變」指的是對方保持原樣，但是改變自己對於對方本身或言行的看法。然而，光是這樣就夠了嗎？認為只要自己改變就沒問題的人，其實並沒有放棄改變對方的想法。因為他們認為要改變對方就要先改變自己，所以並不能說是真心覺得「改變自己就好」。

針對這個世界發生的所有事情，真的只要改變外在賦予的意義就好嗎？現在我們面臨一個必須在惡政之下思考人們究竟能否幸福生活的時代。如前所述，雖然沒想過政治人物能為自己謀求幸福，但也不想因為政客而變得不幸。儘管如此，在惡政之下連謹小慎微地過生活都很困難。如果只是靠賦予事物肯定的意義來接受世界，根本無法徹底了解目前整個社會面臨的問題。

## 處置法（三）改變世界

第三種處置方法就是改變降臨在自己身上、阻礙人生的事情，而不是毫無作為。

阿德勒說自己之所以成為醫生是因為「想殺死死亡」。（Manaster et al. eds., *Alfred Adler: As We Remember Him*）當一名弟子詢問：「人一定要死嗎？」阿德勒甚至說：

「如果我當初這麼想的話，就不會當醫師了。我想和死亡搏鬥，想要殺死、控制死亡。」

現在這個時代，有很多人的想法和阿德勒一樣。在新冠肺炎蔓延全世界的現況下，醫界開發疫苗和治療藥物，同時也嘗試對重症患者的治療。當然，每個人都盡自己所能做好防疫工作。因為大家都不想因染疫而送命。

但是，這個世界上有很多事情無法改變。無法改變的事情就是無法改變。拜醫療發達所賜，人類已經可以逃過一定程度的死亡。新冠肺炎的擴散總有一天會停止，之後人們或許不會再因新冠肺炎而死亡。然而，就像阿德勒想殺死死亡但「沒有成功」一樣，人終究不可能逃過死亡的魔掌。

即便能改變世界，判斷這個改變是好是壞，其實也很困難。以前因為沒有器官移植這種治療方法只能等死的人，現在只要移植器官就能得救。這就是醫學改變世界的證據。不過，即便醫學上行得通，也不代表器官移植就是正確的選擇。

以人際關係來說的話，有些人會試圖改變他人。斥責孩子的父母、斥責下屬的上司，都深信孩子和下屬會改變。

然而，並不是他人沒有按照自己的希望行動，就可以用盡全力去改變對方。被父母或上司嚴厲責備，有些人會因為害怕而聽從，但不代表打從心裡認同。

如果有和小孩相處過，就知道小孩不會按照大人的意思行動。如果孩子還小，可以靠力量硬逼小孩去做，但是等小孩長大，就不能靠力量來逼迫了。並非心甘情願聽話的小孩，長大之後了解自己已經比父母更有力量的時候，就會開始反抗。

孩子也會在不如己意的時候，透過哭泣或鬧脾氣等方式改變父母。之前我有提到過，哭泣是孩子傳達自己想要什麼的必要手段，但是哭泣無法表達必要的需求內容。孩子只要哭泣，大人就會試著去理解孩子想要做什麼，然而長大之後，即便做同樣的事也無法傳達自己想要別人做什麼。如果希望他人去做或不要做某些事，那就要知道比哭泣和憤怒更有用的方法。說白了，就是用話語來傳達，但事實上的確有人似乎連這個方法都不知道。

這樣的人長大之後，仍然想成為世界的中心。他們會像小時候那樣，用哭泣和鬧脾氣的方式試圖影響周圍的人，但是周圍的人已經不會像小時候那樣試圖理解別人了。

在人際關係中有糾紛時，即便認為問題出在對方身上，只要對方改變就好，對方也不會輕易改變。有時人會覺得只要自己主動，就會感覺對方有產生改變。然而，那是因為自己認為對方應該有所改變才會產生這種感覺，而不是真的改變了對方。

以孩子或下屬的立場來看，只是勉強服從強迫自己的人，並非心服口服，就會讓彼此的關係變得更差。

## ♜其他處置法的可能性和問題

發生不合理的事情時處置的方式，歸納起來有下列三種：

（一）什麼都不做

（二）配合周遭環境

（三）改變世界

當然，處置法不只這三種。只是試著以這三種處置法上所發現的問題為基礎，思考看看有沒有其他方法吧！

## ——不為發生的事情賦予意義

其中一種處置方式是把已經發生的事當作單純的事件，不對此做任何解釋，也不去預想會發生什麼，更不會對發生的事有所期待。

這也算是（二）自己去「配合周遭環境」所作的變化。採取（二）的態度時，會為了配合周遭環境而對發生的事情賦予意義，但在這變化下就不會刻意那麼做。然而，不為發生的事情賦予意義，其實本身也有其意義。

一般認為疾病或衰老是人從健康或年輕「退化」的狀態，但其實也能把疾病或衰老當成單純的「變化」，不必套入任何優劣的觀念。人只要年齡增長就一定會「改變」，但是並不代表年輕比較好、衰老比較差。健康與疾病也一樣。不要把衰老或疾病當成「退化」，而是一種「變化」。

## ——「改變世界」或「不打算改變世界」

從要不要改變已經發生的事情這個觀點來分析處置法的話，（三）「改變世界」屬於試圖改變已經發生的事情，而（一）「什麼都不做」和（二）「配合周遭環境」則屬於不打算改變的範疇。

其中，（一）的處置方法是無論發生什麼都一律放棄。不過，如果沒辦法輕易放棄的話，人或許會把發生在自己身上的事都當成是自己不走運，甚至為此哭泣。然而，這時候的哭泣就像之前提到的一樣，可以歸類為「自己不行動，想透過哭泣的方式策動他人」。因為想幫助他人者，看到有人在哭就沒辦法放著不管。

如此想來，（一）和（三）都被歸類到改變世界的一類中，但（一）屬於間接改變，而（三）屬於直接改變。

之前提到的布伯，透過丟《聖經》表達憤怒，但表達憤怒和哭泣沒有太大差別，所以這種憤怒也可以歸類到（一）。

## ——「改變世界」的問題

關於（三）「改變世界」，我認為有問題的地方是，改變世界不等於讓世界配合自己。「改變世界」和「讓世界配合自己」必須切割成兩件事。即便改變世界最後還是會為自己帶來益處，也不能一開始就為了自己而試圖改變世界。

雖然為了自己而改變世界很有問題，但是不顧自己，甚至犧牲自己來改變世界，也沒有意義。醫療從業人員為了治療患者而竭盡全力，但也不應該自我犧牲，我們也不該要求醫療從業人員這麼做。

## ──「配合周遭環境」的問題

（二）「配合周遭環境」其實就是把發生的事情攬在自己身上，或者選擇對自己有利的方式解釋而已。

以人際關係來說，一旦把發生的事情都連結到自己身上，當他人沒有按照自己的期待行動時，有些人就會覺得很憤慨。然而，他人並非為了滿足自己而生，儘管如此，以自我為中心的人還是無法接受這一點。

## ──擺脫自我中心的思考方式

擺脫這種自我中心的思考方式，對於在構思如何處置不合理的事情時非常重要。我在想除了剛才提到的三種處置方法以外，還有沒有別的方式時，第一個想到的就是這種思考方式。發生的事情就只是單純發生了而已，不需要對事情本身賦予任何意義。擺脫自我中心的思考方式，不把發生的事情連結到自己身上，這種作法可說是對自己的人生具有正面積極的意義。對於認為他人的存在是為了滿足自我期待、完全以自我為中心的人來說，需要刻意訓練才能做到不把發生的事情和自己連結在一起。

另一方面，認為發生的事情和自己完全無關也有問題。不過針對這點，我想之後再來討論。

## ——樂觀看待事物的問題

碰到不合理的事時，也有人會樂觀看待。一九四四年的聖誕節到一九四五年的新年期間是集中營死最多人的時期。維克多·弗蘭克在書中提到集中營主任醫師認為，這是因為很多期待在聖誕節能回家的人，在聖誕節過後仍無法回家，因

而感到失望、氣餒，才會死了這麼多人。（《活出意義來》）

這種面對現實情況不做任何處置的方式很接近（一）「什麼也不做」，但是很多人無法悲觀看待，所以選擇樂觀面對。而且，不只是單純樂觀面對（以剛才的例子來說，就是相信自己一定能在聖誕節回家），甚至還希望這個世界會變成自己能平安回家的樣子，算是（三）「改變世界」所作的變化。

實際上，現實很殘酷，很多人無法回家，在集中營裡被殺死了。樂觀的人堅定地相信自己的願望一定會實現，但是當願望沒有實現時就會加倍絕望。

剛才提到古希臘雅典的傳染病，修昔底德這樣說：

「最恐怖的其實是得知自己患病時的灰心喪志。」（《歷史》）

在自己面對的現實之中，不悲觀、抱持希望固然重要，但是為現實賦予樂觀意義，認為事情一定會按照自己所想，一旦無法如願，人就會非常灰心。

## ♜我的立場：必須主張「這樣不對吧」才能帶來改變

這個世界總是會發生讓人無法接受的事情。然而，我們無法改變已經發生事情的現實。即便是生老病死這種難以接受的事，人還是必須經歷。

即使年紀輕輕就過世這種讓人覺得不合理的情況，也只能說是大自然的法則。自然災害也一樣。當然，即便知道「這是大自然的法則」，還是讓人很難接受。然而，只要看到醫療人員拼命治療病患，即便自己或家人無法得救，只要花點時間還是能夠接受死亡這個事實。

我認為有問題的地方是「面臨人為且是不合理人為因素帶來的困難時，該怎麼處置」。傳染病無論再怎麼小心，都不可能保證百分之百不受感染。問題從這裡開始。即便發高燒想看病，醫院也拒絕檢查或住院治療，或是患者太多導致病床不足，因而延誤治療導致死亡，這對家屬來說真的難以接受。

發生這種事情的時候，無論是自己或家人，都沒辦法接受吧。可能會有人認為這就是個人的命運，但這無法讓人認同，我也覺得不應該認同。

如果從所有疾病的角度來看，不是所有治療或手術都能治好病患。如果因為醫療疏失導致病患死亡或重度殘障的話，一定要嚴加追究責任。

然而，這種事情若不是自己或家人碰到，大部分的人都不會特別關心。有很多人對政治毫不關心。政治不可能和自己完全無關。如果國家施行善政，國民可能就不會特別在意政治。然而，惡政會影響到日常生活。儘管如此，還是有很多人事不關己或是像在討論別人的事一般，自己留在舒適圈裡當評論家。

惡政放著不管就會越來越嚴重。用譬喻的方式來說，燃起大火的房子就要用水澆熄。不能因為火勢很強，覺得做什麼都沒用就絕望。即使澆水或許只能讓火勢減弱一點，我們也只能一直不斷澆水。什麼都不做的話，火只會越燒越旺。這就是當前政治的現狀。

問題是我們該怎麼做。無論是醫療、政治，還是其他事情，當發生任何不合理的事時，沉默就表示認同。只要沒有人主張「這樣不對吧」，事情就不會有任何改變。

第二章

# 根本沒有「言」和「色」

## ♜為什麼要袖手旁觀呢？

面對不合理的事時，覺得「這樣就好」的人其實很少吧？那為什麼不說出來呢？為什麼不行動呢？

我們先從人際關係的角度來思考看看吧！幾乎每個人都有人際關係上的煩惱，人際關係就是這麼麻煩的東西。尤其是受到不當霸凌、毫無根據的誹謗或中傷，明明就是做這種事的人有錯，受盡痛苦的被害人卻因此自我了結，真的很令人痛心。為什麼周遭的人不在事情發展到最糟狀態之前出手阻止呢？人際關係方面的問題，究竟是從哪裡開始出現的呢？

接下來我們把眼光轉向整體社會。現在這個世界上到處都有營私舞弊的情形。然而，很多人即便知情也束手無策。

我高中時，老師曾經在某天上課時說：「因為是公務員，所以不能忤逆上司。遵從上司的指示就是下屬的工作。」

因為正值戰爭時期，所以不難想像當時比現在更難違背上司。然而，當上司的指示有錯誤時，下屬也要遵從，這就是下屬的工作嗎？不忤逆上司營私舞弊的指示，那麼這個世界不就到處充斥著營私舞弊的事情嗎？這讓我想起老師說過的話。

這位老師在戰前擔任女子師範學校的校長，戰後因剝奪公職的政策而失去職位。然而，當時只有身為下屬的他慘遭驅逐，原本應該負起責任的前上司卻不用負責。老師個性溫厚，提起這件事的時候也沒有太激動，但我仍能從話中感受到老師對這段經歷的憤怒。我已經不記得當時為什麼會談到這件事，但是比起老師身為公務員無法反抗上司這件事，讓我印象更深刻的是，老師對「應該負責的人卻沒有負責」感到憤怒。

這並不是在戰爭中或戰後的混亂期才會出現的特殊情況，而是現在仍然存在的問題。即便不認為遵從上司指示是對的，很多人還是為了生活而無法說出想說的話。沒辦法告發上司的營私舞弊，也無法說出真相。問題在於那些毫無罪惡感地遵從上司的人，還有認為遵從上司對自己有利、不認為自己參與營私舞弊的人。

參與營私舞弊的人可能會想辯解，認為自己是「不得已而為之」。尤其是雖然良心受到譴責，但仍然跟著一起營私舞弊的人，應該會想說「我無法反抗」、「當時的氛圍很難提出異議」。我們必須思考，真的是這樣嗎？

毫無罪惡感地遵從上司的人，可以說掌握了解決這個問題的關鍵。

## ♜「察言觀色」到底是什麼意思?

幾年前，「揣測上意」這個詞曾經被視為政治問題。推測某個人或他人的心意，對象通常是上司或老闆等比自己地位高、有權力的人。不只是揣測特定人的心意，有人還會察「言」觀「色」。

所謂的「言」、「色」到底是什麼?哲學家串田孫一曾如是說（《雜樹叢林裡的莫札特》）。老師在下課前問有沒有問題時，舉手發問的人通常會被大家討厭。要是沒有人發問，可能很快就可以下課。但老師還在回答提問，就有可能導致下課鐘響大家還不能走。這個時候若有人發問，就會被視為「不會察言觀色」。

然而，實際上，「言」、「色」並沒有實體。明明就沒有人說出「已經要下課了，別再提問了」這種話。儘管如此，自認為會察言觀色的人，就會判斷大家都希望不要提問，所以即便有想問或該問的問題也會就此打住。

邊見庸說過，日本這個國家的「個人」非常渺小，充斥著沒有「個人」的氛圍。（《愛與痛》）強調互相配合、毫無意義的附和、沒有道理的分級，形塑了我們的日常。無法敏感發覺整體氛圍的人被揶揄為「不會察言觀色」，這是預設的法西斯主義，邊見庸將之稱為「鵺」。

像這樣的「言」、「色」，在大多數情況下，大家會傾向選擇「不做」，而非「做」些什麼，所以抵抗「言」、「色」是件不容易的事。

## 對話構成的要素與「場域」、「空間」的實體性

為什麼人很難抵抗氛圍呢？明明沒有人說不能做這些事情，但人就是會察言觀色。這應該算是超越個人的全體意志，不只是感受而且還真實存在，這樣的整體意志就像在規範個人一樣。為什麼人會這麼想呢？

我想透過思考「對話」來明白箇中道理。

對話由以下兩個部分構成：

（一）我（說話的主體）。

（二）你（被搭話的人、非「我」的其他主體）。

只有「我」的話，對話無法成立。對話要成立，則需要搭話的（一）「我」和被搭話的（二）「你」。對話中，這兩個角色會互換。

如果兩個人都沉默，對話就不成立。我和你，必須說些「什麼」。也就是說，對話的構成要素必須包含：

（三）事情（即要聊的事情）。

接下來才是問題所在。除了以上三項，有時候還要加入第四個構成要素：

（四）場域。

中岡成文曾說：

「對話的生命就是在機體脈絡中產生的事件，所以不考慮性格和促成對話的磁場，就不可能從哲學的角度解釋對話，更遑論『實踐』對話本身了。」（〈對話與實踐〉《新・岩波講座　哲學　十》）

當兩個人開始面對面談話時，如果只想著「要講什麼」、「是否可聊這種話題」，那麼對話就會在彼此選擇詞彙時變得非常不順暢。

然而，即便沒有刻意選擇主題，兩個人也能自然而然地「產生」話題，那麼對話就能成立。就算每個話題都沒有特別絕妙，還是能一個接著一個話題聊下去。

不過，想要實現這樣的對話，就必須預想宛如「磁場」般的「場域」嗎？反之，如果沒有那樣的場域，對話就不能成立嗎？

如果是木村敏的話，應該會把這裡提到的場域解釋成「空間」（Zwischen）吧？不過這裡的「場域」解釋為木村敏所說的「空間」，必須審慎為之。

木村敏本身否定「空間」的實體性。雖然他認為「空間」沒有實體（《思考心靈的病理》），但認為對話中的「空間」，「在某種層面的意義上，近似於具有『實體』意志的力量」。（同前書）關於「場域」，他甚至提到「集團整體形塑出一個『場域』，而集團內的場域本身會自主行動」。（《人際關係

中的自我》）

然而，能夠自主行動的還是個人，場域不可能自主行動。若說場域有能自主行動的機會，頂多只是個人受場域影響而行動，並非場域本身自主行動。以合奏為例，演奏樂器的是個人，並非沒有個人意志的「場域」指使個人演奏。

## ♜「個人的主體性」與「團體的主體性」

場域的自主行動其實如下述這種感覺：

比起個人，木村敏更認同物種的自主性，並且認為物種的自主性比個體更優越。譬如，像候鳥這種成群結隊行動的生物，群體的自主性看起來就比個體更優越。因為群體會被視為一個主體。

如果這也稱得上是集團自主性的話，那麼集團可說是有別於個體的一個生命體。木村敏如是解釋集團自主性。他的考察結果也可以適用在人類身上。（《生命的形態／形態的生命》）

個人的自主性低於集團的自主性，代表個人被集團的自主性所支配，但是被支配的自主性根本不能稱為自主性。

「即便是（個人）有意識地充分發揮個人的『自主性』，那也可能只是受到隱藏在潛意識中的『物種自主性』影響而已。」（木村敏《人際關係中的自我》）

如此想來，就表示我並非按照自由意志活著。與其說我活在群體意志之下，不如說群體意志讓我活著。這不是源於自我的選擇，而是被某種意志選擇。我們必須思考是否果真如此。

在探討這種集團自主性或物種自主性的時候，木村敏受到西田幾多郎和今西錦司的影響。其中，今西錦司否定自然淘汰論，並將進化的單位看作是物種，不是如達爾文所主張的個體。

而且，他認為「整個物種個體在應該變化的時候，會全部一起變化」。（今西錦司《自然科學的提倡》）。個體會改變這點還能了解，但是整個物種個體一起變化就令人費解。

看起來像是在說即便氣溫連日寒冷，甚至讓人覺得今年的春天不會到來，但花朵還是會隨著開花季節的物換星移而改變。然而，人類世界發生的事本來就不可能在不知不覺中改變。也有人說：它在不知不覺中就訂好了。自己根本沒有決定的權利，卻在不知不覺中訂好了。

今西錦司是這樣說：

「個體可以說包含在物種之內，同時不論是什麼個體之中，也一樣含有物種。……也就是說，個體即物種，物種即個體。」（《生物的世界》）

木村敏認為，這是東方自古而來「即」的原理，也就是西田幾多郎所說的「絕對矛盾的自我同一」理論。（木村敏，同前書）木村敏本身沒有把個體和整體用「即」的邏輯連結，並和一般的整體主義有所區別（木村敏、檜垣立哉《生命與現實》），即便如此也不能否認有被誤解的危險。如果變化的主體不是個體而是物種，那個體也只能遵從物種的決定。沒有人知道，物種是如何得知「應該變化的時候」。

冬季時，原本待在日本的鳥類會在某天一起飛走，想到這個例子就會覺得這並非由個體決定，而是物種判斷現在就是應該移動的時期。

話說回來，集團的主體性或是說場域的力量，這種東西是否存在？還是說，它就如這裡所說的那般強大呢？

## ♜不能把「空間」、「場域」實體化

對話的成立條件中，「（四）場域」也是其中一個，這個條件應該要讓對話更加圓滿才對，但若把「場域、氣氛、空間」實體化，認為這些東西具有影響對話的力量，反而會讓對話很難成立。

雖然「場域」、「空間」、「氣氛」是否真實存在還是個疑問，但也有人認為這些東西具有實體。

譬如，木村敏說道：想一想人與人的「空間」或是空間主觀性，即便「沒有任何溝通」（《思考心靈的病理》），也能感受得到這「空間」，而且這感覺是直接的、本能的、非邏輯性的，也非合理性的。

在對話中，其實不只存在說話內容的意思，還有說話時聲音的狀況、音調、抑揚頓挫等重要的元素。透過電子郵件等只靠文字溝通時，人們則無法透過文字以外的元素理解對方，因此經常會產生情緒上的摩擦。另外，外文初學者有時不太敢講電話。這是因為面對面溝通的話，不僅只有話語，還可透過肢體動作來補足自己不懂的知識，但電話就沒辦法。然而，木村敏所說的似乎不是這個意思。

即便「沒有任何溝通」也能直接感受到的「感覺」，木村敏指的應該是「共通感覺」。用英語來說就是「common sense」，但這並不是指「常識」。它是指視覺、聽覺、觸覺等各個感官上共通的感覺。（木村敏《人際關係中的自我》）

「除此之外，這和在人際關係中，感受場域氛圍、避免不恰當行為的感覺（常識）相同。」（同前書）

像這樣必須在對話的場合中去感受，強調支配對話的「場域」、「空間」、「氣氛」的重要性，別說是促進對話了，這看起來反倒讓對話甚至言論本身變得更加困難。

就像下課前向老師提問的例子那樣，大家想要趕快下課的氣氛會讓學生猶豫是否要提問。怕自己的發言會給人不好的印象、怕破壞當下氣氛的人，不太敢自在豁達地說話，對吧？為了避免不恰當的行為，最安全的方法就是閉嘴。

## 接觸意義之外的他者

我想學過外文的人應該都有這樣的經驗。外文剛開始聽起來只是毫無意義的聲音，但後來漸漸能聽到一些隻字片語。如此一來，外文就不再只是「聲音」。

年幼的孩子應該也有一樣的經驗。原本父母和周圍的人所說的話，聽起來都只是一種聲音，但是後來就漸漸明白其中的意義。你不會突然全都聽懂，而是過一陣子慢慢聽懂一些單字。接著，不只是單字，還會聽懂比較長的語句。

說話者的肢體動作、手勢、表情也會是幫助你理解的線索。說話時的抑揚頓挫和聲調也有助於理解。有的時候說話者用溫柔的語調說話，有的時候用嚴厲的語氣罵人。小孩子就算不懂大人說話的內容，也會知道大人是在制止自己的行為。即便聽不懂大人說的話，小孩也會反覆模仿。當下只是單純聽聲音，一旦小孩有機會嘗試運用當時記得的言詞時，加上大人理解他的話之後，給予回應。有此經驗後，小孩就會知道如何適當地使用這個言詞，進而還會運用在其他場合。

像這樣花時間學會的母語就不成問題，但若用外文來交談時，光聽聲音就沒辦法馬上理解對方的話。這是因為聽外文的時間不像母語那麼長，而且還要先把外文換成母語才能理解。

這是我們學外文剛開始會碰到的情形。隨著練習次數越來越多，即便沒有非常專心去理解對方的話，也會漸漸聽得懂；說話的時候不用刻意努力組織話語，也能脫口而出。

然而，我們用母語理解意義的時候也會出現時間差。還在思考要說什麼的時候，話題就這樣過去了。注意力只放在話語的意思上，就會錯過恰當的時機。

在對話順利進行的時候，你不由得會臆測對方接下來要說什麼。（鷲田清一

《「傾聽」的力量》）人可以靠對方的說話、說話內容之外的聲音、肢體動作、手勢來臆測接下來要說的內容。

在無法接收、看到這些元素的狀況下對話非常困難。即便因為暫時沒話題而陷入沉默，只要和對方面對面，對話也不會因為那段時間冷場就終止。然而，電話看不到對方的樣子，沉默就會讓人覺得對話已經中斷。不只用外文講電話會覺得很困難，用母語說話的時候也會很緊張。

除此之外，每次開口都要思考說什麼的話，對話之間就會產生停頓。（鷲田，同前著作）對話順利進行的時候，話題會自然而然地脫口而出，只要順勢而為，不需要刻意思考也能對話。

## 並非自然發生的空間

據說人之所以沒辦法好好掌握對話的空間或是錯失開口的時間點，其實是因為只從內容的意思去理解對方的話所使然。然而，事實真的是如此嗎？

無法顧慮對話內容以外的場域、空間、氣氛，就沒辦法好好說話嗎？這些讓對話成立的第四個要素，真的存在嗎？

後來在美國繼承阿德勒事業的魯道夫．德瑞克斯（Rudolf Dreikurs），某次針對自己正在診療的患者向阿德勒尋求意見。德瑞克斯雖然判斷該患者有憂鬱症，但他不確定自己的診斷是否正確。當時德瑞克斯提出以下的報告。

（Manaster et al. eds., *Alfred Adler: As We Remember Him*）

> 阿德勒靠近這名患者的時候，周圍都是實習醫生、護士和精神科醫師。阿德

勒先詢問患者的姓名，才繼續問患者現在感覺如何、喜不喜歡這個地方、有沒有自己能幫得上忙的地方等問題。對方用憂鬱症患者特有的緩慢步調開始說話。

「於是發生一件很驚人的事情。阿德勒在問完第一個問題之後，並沒有等患者慢慢回答完那個問題。接著又問了下一個問題。然後，不等患者回答，又問了新的問題。

其實，我開始對老師的行為感到困惑。難道老師不知道罹患憂鬱症的人說話很慢嗎？然而，阿德勒完全沒有等對方回答，只是冷靜地繼續問問題。怎麼會這樣？患者好像突然想到要說什麼似地，語速開始變快。從那時開始，阿德勒和患者的對話就變得非常正常。因為阿德勒不接受憂鬱症患者就是說話慢的判斷。」

這是「空間」相關的極有趣案例。英文用「in a slow way」或「fast」、

「quickly」等詞彙描述，不過這個案例不是說話速度快或慢的問題，而是患者和阿德勒說話時，對話中間的間隔有異常；也就是，提問到回答之間的「空間」太長或太短的關係。

阿德勒診療的患者，並不是因為生病而沒辦法聽到問題就馬上回答或在適當的間隔後回答，而是他自己決定要這樣回答問題。

阿德勒也曾提出和這位患者相反，即一直喋喋不休的女性病例。（《追求活下去的意義》）這名女性異常地長舌，讓對方幾乎沒有插嘴的餘地。她這種說話方式有其「成因」。阿德勒從「成因」而非「原因」的角度看待，進一步思考患者的「目的」。這個目的大多數是在沒有自覺的情況下產生的。即便被問到「為什麼要這樣做」，也只會得到「我從來沒有這樣想」的答案吧。並不是有什麼原因造成她長舌，而是為了不讓對方插嘴，才會加快說話的速度。而且，不讓對方插嘴也有理由。

阿德勒從巴爾札克（Honoré de Balzac）的小說中引用了以下的故事。（《兒童的教育》）兩名商人在一場買賣上互相耍手段。其中一人在談生意的時候開始結巴。另一人發現對方是在公布價格前透過結巴來爭取思考的時間，因而為之一驚。因此，為了對抗這個小手段，他假裝自己突然什麼都聽不到。如此一來，對方只好大聲說話。透過這樣的方式，兩人之間形成對等關係。

阿德勒不等患者回答問題就開始問下一個問題，也是因為發現患者是透過不立刻回答問題來搶奪對話的主導權。這位患者為了奪取主導權而放慢說話的速度，但並不代表患者是在有自覺的狀態下做這件事。

## ♜ 空間是人刻意營造的

從行為的目的來看，就能正確理解正在發生的事。空間絕對不是自然發生的產物，而是人為製造出來的。另外，從這名患者的案例就能知道，沒辦法保留適當的空間並不是因為生病。阿德勒認為患者只能慢慢說話並非憂鬱症的症狀，而是試圖透過慢慢說話來掌握對話的主導權。

這種試圖掌握對話主導權的狀況，不只存在於醫病關係中。應該也會出現在患者所有的人際關係上。如果工作引發人際關係上的問題，那麼從治療或諮商的角度來看，問題就在於患者建構人際關係的方式。消除症狀並非治療或諮商的目標。因為患者放慢說話的速度，是想獲得主導權。只要患者不明白在面對人際關係時不需要這麼做，即便能夠像一般人那樣對話，用阿德勒的話來說，患者也會毫不猶豫地創造出其他更嚴重的症狀。

反之，並不是能夠保留適當的空間就是好事。保留適當的空間並不是對話的重點。能不能保留適當的空間等「意義之外的事情」，不應該是對話的焦點。

木村敏認為對話時有雙重意志，也就是說同時存在整體意志和個人意志，這兩種意志融為一體，人無法擅自決定用什麼方式說話或說什麼。（《思考心靈的病理》）不過，人真的不能擅自決定嗎？我不知道。至少會有人「覺得」自己無法擅自決定對話的內容。然而，空間並非自然發生、不可控制的東西，而是人為形成的產物。

## ♜ 察覺氣氛不對也不結束對話的蘇格拉底

蘇格拉底並非不懂察言觀色的人。

蘇格拉底不信仰國家推崇的神祇，被控告思想危害年輕人，審判的結果是死刑。執行死刑那天，朋友們一大早就去探視牢獄中的蘇格拉底。

蘇格拉底在行刑前，還在跟親近的朋友討論靈魂不死的議題。蘇格拉底把話說完的時候，漫長的沉默壟罩整個場所。而且，現場還有人不接受蘇格拉底的想法。

「剛才聽到的論述裡面要是有什麼難以接受的地方，我希望你們不要有所顧慮，都說出來。如果你們自己發言、討論意見會比較輕鬆的話，那就這樣做吧！若是覺得我也一起加入會更好，那就讓我一起參與討論。」（柏拉圖《斐多篇》）

西米奧斯覺得在這樣不幸的狀況下，拿出自己覺得難以接受的部分來討論，可能會造成大家不愉快、對大家造成困擾，因此感到猶豫不決。後來在蘇格拉底的鼓勵下，坦率地表明自己的困惑。

「聽到兩個人這樣對話的時候，我們的心情都變得非常沮喪。」

傳達當時對話的斐多這樣說：蘇格拉底的回答不算行雲流水，但是「他最讓我感嘆的地方是能夠用既溫柔又愉悅的態度接受年輕人的討論，而且聽到年輕人的討論，馬上就能敏銳地察覺我們的心情，然後巧妙地安撫我們。」（柏拉圖，同前書）。

一般來說，不會在即將要被處死的人面前談論靈魂是否不死吧。即便認為蘇格拉底的言論不對，也不會說出口。如果有人想挑戰蘇格拉底的意見，就會被說是不懂察言觀色，但是「敏銳察覺我們心情」的蘇格拉底，可說是全場最懂得察言觀色的人。

重要的是，即便懂得察言觀色，也沒有阻止接下來的對話。在理解年輕人心情的狀態下，蘇格拉底反而進一步詢問對方無法接受的地方在哪裡。

## 人為的氣氛

嚴格來說，蘇格拉底雖然感受到當場的氣氛，但是並非把這種氣氛當成是無法違抗的真實存在。蘇格拉底知道在場的人感覺這個氣氛很難討論靈魂不死的話題，但仍然引導年輕人反思自己的感受，體貼他們的心情，同時仍然鼓勵大家繼續討論。

然而，大多數人和蘇格拉底相反，察言觀色後反而抑制自己的言行。一旦被當下的氣氛壓過去，即便心裡有異議也會無法反駁。冷靜下來的話就會覺得這樣很奇怪，但是被當下的氣氛影響之後人很難反抗，只好跟著附議。

被說服的人就會把當下的氣氛也算進被說服的理由之一。但是，其實人並非被當下的氣氛影響，只是把應該說卻沒說的責任，推到氣氛頭上而已。因此，被氣氛影響的人同意不應該同意的事，其實也有責任。

試圖以對自己有利的方式說服他人的人、想阻止發言的人，都會利用氣氛影響大家。在疫情之下，民眾或業者不遵守以「自我約束」為名的強制規定時，氣氛也被當成一種施壓的方法。政治人物不採取醫學上有效的手段，只是要求民眾自我約束，也沒有提出店家停業的補償方法，根本毫無作為。反之，還利用那些愛管「不遵守政府要求的人」的正義魔人。媒體報導有人會打電話去店家問對方為什麼不關店。看到這篇新聞或電視報導的人，就會開始監視他人的行為。或者說，即便實際上並沒有看到這樣的人，但還是會感受到「大家應該要自我約束」的氣氛，這種情形並非不可思議。問題在於，這種氣氛不是自然發生的。政府表示會公布不遵從停業要求的店名，甚至鼓勵民眾在社群媒體上批評這些店家。根本就是政府認可的網路霸凌。

## ♜ 抵抗氣氛

截至目前為止，我們談到雖然人會感受到氣氛或難以違抗的場域力量，但那些其實都是人為的產物，是為了說服或引導人往某個方向前進而使用的手段，也有人把氣氛當作是自己當下無法反駁、被說服的理由。

回到上課時間老師問題的情況，如果這個問題不只對自己有益，大家同時都能受惠，那無論是否快要下課都應該提問才對。

以我當教師的經驗來說，下課才來提問並不是一件好事。或許對上課內容有疑問的，不只是來問問題的那位學生而已。若是如此，那麼和其他學生共享問題，對老師和學生來說都是好事。或許學生是因為覺得在大家面前問問題很丟臉，才會在下課後才來問，但是老師一定要告訴大家，無論什麼問題都一定會對大家有幫助才行。

老師當然不能打斷學生提問。假設今天有問題想問，而老師展露出一副「今天不能問問題」的態度，學生也不應該默默遵從。

即便是面對「不該提問」這種無言而強烈的同儕壓力，也不需要屈服。不需要顧慮那些想快點下課的同學怎麼想，即便是上課途中或下課鈴聲快要響起，為了理解上課的內容，該問的問題就是要問。

如果打斷學生的提問，學生就會不知道自己到底是為了什麼來上課。只要有意願學習，根本不需要顧慮同學是不是想趕快下課、問這種問題導致延長上課時間一定會被大家討厭等情形。人根本不需要察言觀色。

政治人物出席記者會的時候，即便有記者舉手提問，也會以後面還有行程為由打斷對方的問題。甚至有人連「有行程」這種藉口都不說；彷彿在詔告天下，就算我不說理由，你也應該要察言觀色，知道不應該再繼續問下去。這種時候打斷記者提問的行為，我真的不能接受。記者應該要堅持自己還有問題要問，抗議記者會被打斷才對。如果對方想結束記者會，記者們就察言觀色刻意不提問的話就太可笑了。

只要是必須做的事情，即便有人抵抗也不應該屈服。為了做應該做的事、說應該說的話，我們必須拿出對抗「氣氛」的勇氣。

## ♜因「個人」過度放大而蔓延的「氣氛」

然而，這個國家之所以充斥察言觀色的劣習，難道是因為沒有「個人」意志嗎？也就是說，因為同儕意識太過強烈，即便有該說的話、想說的話，也會因為顧慮周遭的人而閉嘴。「個人」意志被掩蓋，使得整體意志囂張跋扈。

然而，沒有勇氣對抗的人反而只會想著別人如何看待自己，換句話說，這種情形並非沒有「個人」意志，而是「個人」意志太過旺盛。如果真的沒有「個人」

意志，那就根本不會在意別人會如何看待自己。

這種人即便有認為必須說的話，也會因為周遭氣氛的壓力太大，無法說出該說的話。因為想討好別人，所以不說該說、想說的話，也不會做該做的事。

此時他們的正當理由，就是自己懂得察言觀色，認為不打亂當下的氣氛很重要。其實這些人只是認為沉默對自己有利，所以選擇這麼做而已。

## ♜蘇格拉底選擇拒絕迎合氛圍

另一方面，也會有人像面臨審判的蘇格拉底一樣，刻意採取反抗在場氛圍的行為。

蘇格拉底只想著說真話，並不會為了說服別人而使用美麗的詞藻。雖然蘇格拉底被控殘害青年、不信國家信仰的神祇等罪名，但在法庭發表申辯演說時，聆聽告發人演說的蘇格拉底仍說：「連我自己聽他們說這些話的時候，都有點忘我了。這表示他們說的話很有說服力。」（柏拉圖《蘇格拉底的申辯》）

試圖說服別人的時候，不會訴諸理性，而是訴諸情感。為此，必須看聽眾的臉色，必須迎合當場的氛圍。

蘇格拉底結束申辯後，由陪審員投票決定他是否有罪。最後判決有罪，接著要決定處以哪一種刑罰。此時，蘇格拉底應該可以訴諸情感，讓陪審員為自己減輕刑罰。

蘇格拉底有三個孩子。其中一名已經是青年，但是另外兩名孩子尚且年幼。蘇格拉底如果讓其中一個孩子來到法庭上，或許就能免於死刑。他大可以聲淚俱下地告訴陪審員，如果我死了，這些孩子將流落街頭。

然而，蘇格拉底並沒有這麼做。他只是一直主張自己是對的，淨說一些會觸怒法官的話。因此，判決有罪無罪的時候，票數相差不多，但是投票表決量刑的時候，處死刑的票數壓倒性地多過處罰金的票數。

## ♜人會做對自己有利的事

人不會做對自己不利的事。然而，實際上最後的結果反而可能對自己不利。

蘇格拉底有一個知名的悖論：「沒有人想要為惡」。聽到這句話，應該有人馬上就想要反駁吧？應該有人本來就想為非作歹，而現在就有人正在營私舞弊，不是嗎？

譬如說，從正義的角度來看，行俠仗義的人並非刻意這麼做，這些人甚至可能原本就不是正義之士。

也就是說，如果有機會在不為人知的狀況下營私舞弊，這個人或許也會這麼做。有些人會用這樣的邏輯思考。

也有人在不自覺的狀況下營私舞弊。認為自己是在上司強迫之下才說謊，其實自己不想這麼做。官僚被政客牽著鼻子走，不得已只能包庇那些明眼人都看得出來的謊言。現代的問題在於明明就知道那是營私舞弊，但還是會有人去做。

想到這種情形，就會覺得「沒有人想要為惡」的命題是一種悖論、矛盾。

然而，在希臘語中，這個命題使用的「善」、「惡」不具有道德上的意義。善表示「有所得」、「有助益」；惡表示「無所得」、「無助益」。

如果說命題是「沒有人想要為惡」，那就等於「大家都想為善」。然而，當「善」、「惡」分別表示「有助益」、「無助益」的時候，「沒有人想要為惡」、「大家都想為善」這個命題的意思就會變成「沒有人想要做毫無助益的事」、「大家都想做對自己有助益的事」。

如此解釋的話，「沒有人想要為惡」這個命題就變成理所當然的事實，並非所謂的悖論。

如此一來，營私舞弊的人並非想要為惡，而是認為「營私舞弊是一種善行」，也就是把營私舞弊當成對自己有助益的事。

蘇格拉底認為正義才是善。因此，他才會不想透過訴諸情感來保護自己的生命。因為他不想透過這種手段來得到幫助。

人都想要「為善」，也就是只做對自己有助益的事。選擇某種行為的時候，也會以「對自己是否有助益」為依據作判斷。察言觀色、無法抵抗周遭氛圍的人其實是認為這樣做對自己有利，只要推說那是當時的氛圍讓自己不得不為之，就能免責。也有人會認為，只要順從大家，就能避免人際關係上的衝突和摩擦。問題是這麼做真的是在「為善」嗎？

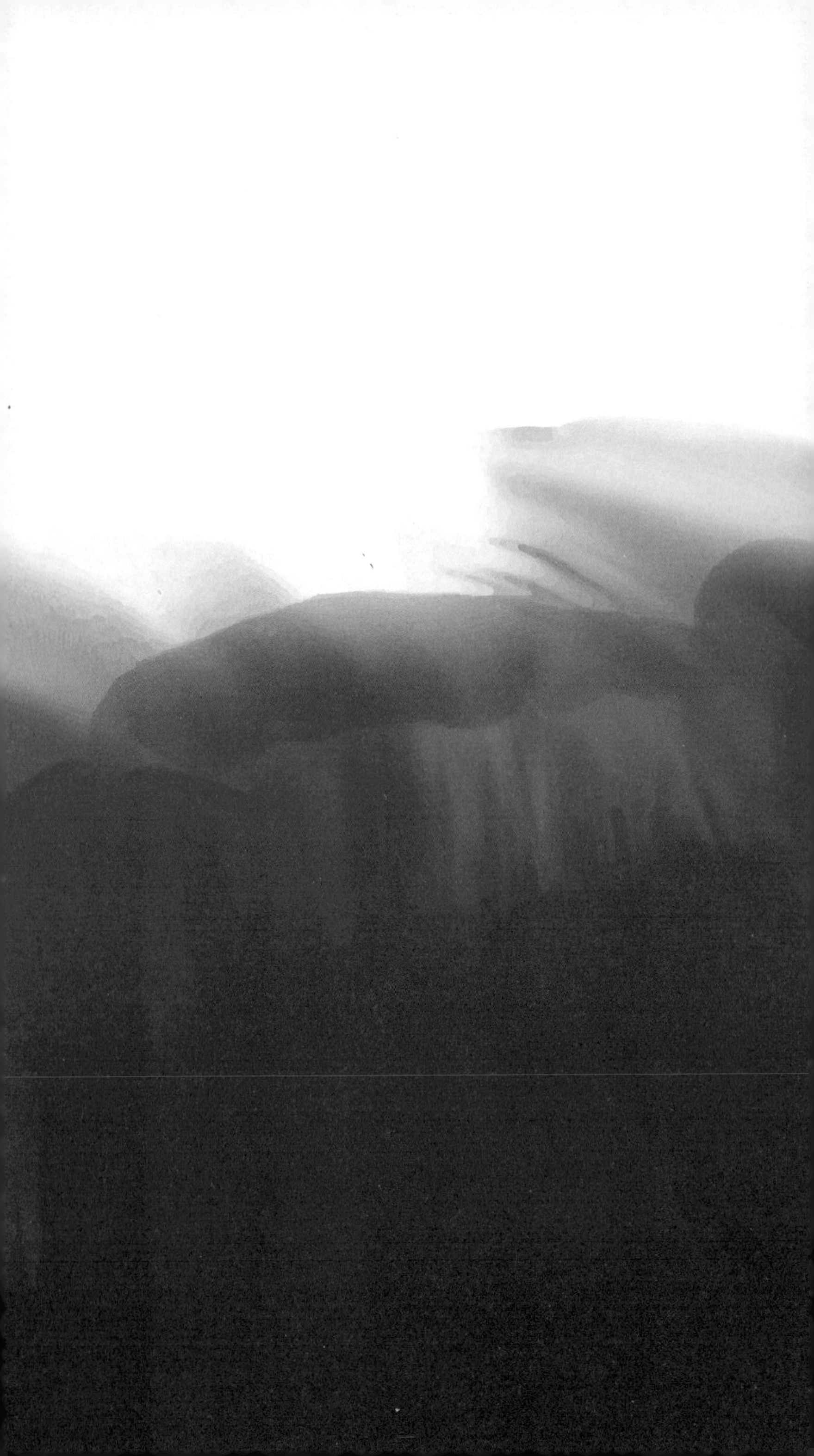

# 第三章

# 不要屈服於壓力

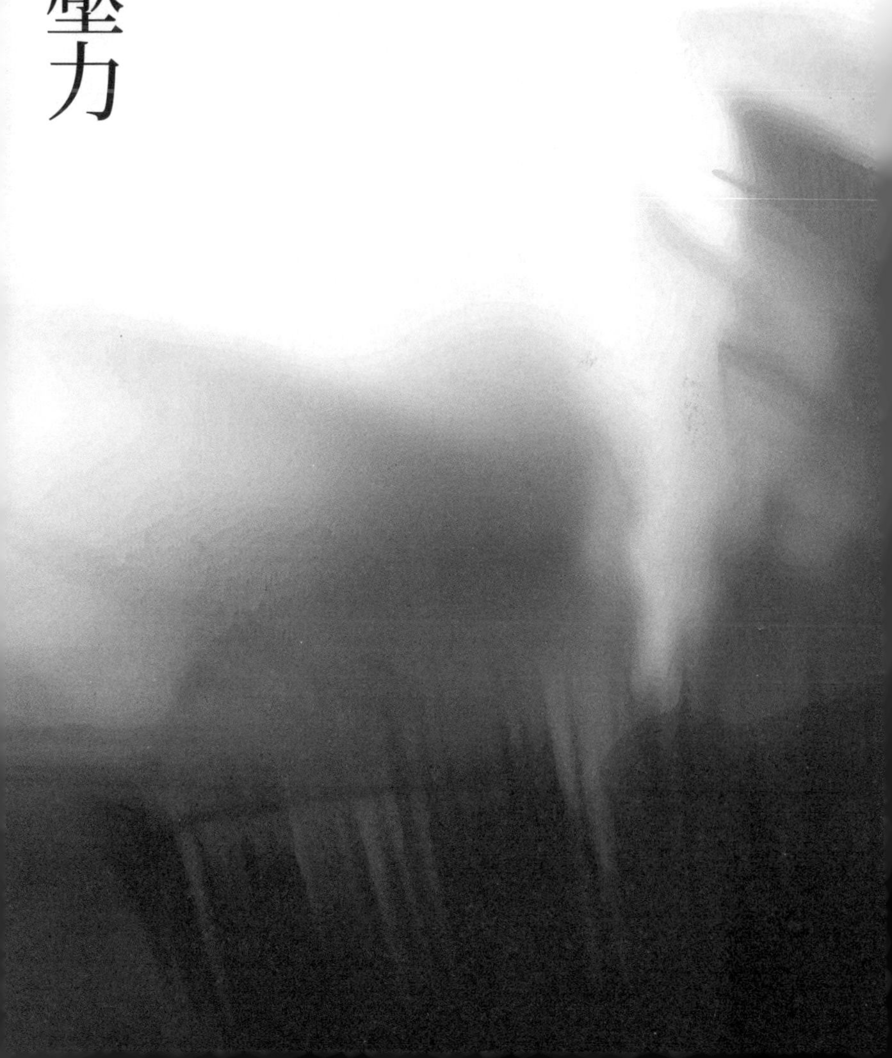

## ♜以「道德」為名的迫害

前面提到人一旦開始察言觀色，就會無法說出想說的話、做應該做的事情。懂得察言觀色，或許就不會產生摩擦。然而，相對之下行動自由就會受到限制，甚至失去自由。

阻礙自由的不只有需要察言觀色的「氛圍」而已。誠如剛才提到的，氛圍並沒有實體，就算感受到也可以無視。然而，還有更強力影響或限制行為的壓力存在。

「道德」有時候會阻礙行動自由，對人產生不合理的壓力。

科技的進步日新月異。即便是現在做不到的事情，有朝一日科技一定會做到。然而，並不是技術上能實現就代表做什麼都可以。

以器官移植的問題為例，被移植的人或許可以救回一命，但是有這樣的技術和可否移植是兩個不同的問題，因為器官移植不是單純更換機械零件。

我接受心臟搭橋手術時，搭血管橋用的血管是我自己的血管，不需要用別人的，所以聽完醫師說明之後，只要我自己決定是否動這個手術即可。手術的風險也由我自己承擔。

然而，器官移植的話，不只自己要負擔手術的風險，提供器官的人也有風險。因此，移植會影響到人際關係。如果醫療技術持續進步，或許有一天會迎來不需要器官移植的時代，但是在那之前還是無法避免器官移植引起的人際關係問題，尤其是親子之間的器官移植問題。也就是說，如果拒絕移植，一定會出現親子關係上的摩擦。

## ♜「因是親生父母，理當要提供自己器官」的壓力

法醫學者上野正彥表示，以腎臟移植的案例來說，母親和父親表現出來的愛有所不同。（《屍體的悲訴》）他提到如果自己的孩子腎衰竭，只能用移植的方式治療的話，由父母提供腎臟是最好的選擇，但父親不會馬上決定移植，而母親則會馬上提供腎臟給孩子。母親的存在是會為了孩子付出一切，因為孩子是「自己的分身」。後來，他還以河野太郎捐肝給父親河野洋平為例，表示「雖然媒體沒有大幅報導，不過我認為這應該是值得大力稱讚的美談」。

一名十八歲的女性慢性腎衰竭，每週必須做三次血液透析。醫師建議她做腎移植手術。就算移植，腎臟也不一定能百分之百相容。醫師表示視情況而定，就算移植也有可能必須立刻摘除。

檢查結果顯示，母親可以提供移植用的腎臟。在準備腎移植手術的過程中，這位母親變得無精打采。護理師發現這一點，便和這位母親聊了一下。

「我知道能捐腎給女兒的只有我。可是，當我聽到婆婆說『做母親的犧牲一點，本來就是理所當然』的時候，我覺得很不能接受。一想到要抱著這種心情動手術，我就覺得很不安。」

星野一正醫師談到有關反對器官移植者時，曾這麼說：不想捐贈器官的人，也可以不捐。不想接受他人捐贈器官的人，也可以不動手術，不是嗎？

「對接受器官移植就能活下去的人或是有可能回歸社會的人，說：『我反對器官移植，所以你也不能接受它。』即使說者無心，但這些話就像在告訴對方『就算你會死，我還是反對器官移植』一般。」（《醫療的倫理》）

星野一正的論述可以視為站在患者的立場發言。從第三者的觀點看待器官移植的問題時，迫切感和患者本身或患者家人截然不同。

然而，即便可以從第三者的觀點看待這件事，問題還是在於無論對器官移植有什麼看法，人們都會對反對器官移植的人施加壓力。

我認為親子之間互相捐贈器官這件事不能當作「美談」，因為這會讓處於相同立場的人受到「為何身為父母卻不願捐贈器官」的壓力。

母親會犧牲自己，為了小孩什麼都願意做，這只不過是一種偏見。有些人會認為母愛是一種本能，但並不是每位母親都會願意無條件捐贈器官給孩子。

十八歲女性的腎臟移植案例中，雖然移植對象是自己的女兒，但是母親還是會猶豫是否要同意動手術。

母親不是孩子的「分身」，並不是每位母親都一定要捐腎給孩子。器官移植不該被這種道德觀束縛。即便是親生父母也有可能不願意捐贈器官。不只器官移植，親子關係也一樣。不是所有父母都愛自己的孩子。

以道德為名的論述，未必正確。或許有些人對那些打著道德的名號、宣揚「父母捐贈器官給孩子是理所當然」的行為，毫不質疑。批評猶豫是否捐贈器官的那些人，根本也不是當事人。就連即將要面臨移植手術的家屬都不是當事人。

能捐贈器官的人，無論周圍有多少壓力，都比任何人有權利決定是否要動手術。別人不能勸說，也不能阻止當事人動手術。

## ♜ 政治上或戰略上的道德迫害

母親應該要這樣、父親應該要那樣等觀念都有可能變成冠上道德之名的壓力。希望大家能夠靜下心來想一想，這是不是硬把理想套在別人身上，為了規範別人的行為才說這種話呢？

這裡說的「道德」就是從來沒有人去審視到底正不正確，只是說起來好聽，而且很難反駁的常識。當今社會的問題就在於有人會利用這些道德觀。

遇到災害的時候，不需要多說大家也懂得保護自己，遇到有困難的人就互相幫助。然而，政治人物主張「人民應該自助或互相幫助、國民彼此的牽絆很重要」，是大錯特錯。政治人物之所以這麼說，是因為想撇清責任，等於宣告無論發生什麼事國家都不會有任何作為。

主張父母應該由家人照護、孩子應該由父母養育的政治人物也一樣。打造一個讓孩子能去托兒所、父母能上班的社會，明明就是政治家的工作，但是政治人物卻把「父母（尤其是母親）應該照顧孩子的理想家庭形象」強加到國民身上。

因為不能大大方方地說國家需要家庭支撐，所以為了隱瞞真相而提倡虛假的道德觀。有人就這樣毫無批判地接受。這就像為了順利推動戰爭而主張虛假的正義一樣。

## ♜ 不要落入家長式領導的陷阱中

社會學領域中有「家長式主義（paternalism）」一詞。「pater」是拉丁文，意指「父親」，表示父親為了孩子好而提出的建議、干涉，所以也被譯為「父權主義」、「溫和的專制主義」或「保護性干涉主義」等。譬如個人、團體、國家等主體，以「為他人好」的理由干涉他人的行為，或者有這樣的立場、思想，就可以稱為「家長式主義」。

以醫療為例，家長式主義原本是指醫師雖然是為了患者著想，但是當醫師的主張和患者的意志對立時，醫師能否侵害患者作決定的自由，或者說能否限制患者作決定的自由。這些都是和家長式主義（即民可使由之，不可使知之）相關的問題。與家長式主義形成對比的概念就是「知情同意」（即在醫師充分說明之後，患者再表示同意）。

然而，聆聽醫師對自己病情的說明時，大多數的情形下，患者都很難充分理解醫師說明的內容。如果能事前準備的話，還能夠查詢一定程度的疾病資訊，但無論是自己或家人生病，都是突發狀況，所以通常會在毫無準備的狀態下聽醫師說明病情。

如果是這種情形，患者一開始就會在不了解醫師說明的狀況下，把決定權交給醫師。也就是一開始就認為醫師的說明很難懂，乾脆放棄。現在醫學知識已經很普及，只要上網就能輕易收集資料，醫師被視為絕對權威的情況或許有比較減少，但還是有人在醫師診療的時候完全不插嘴，全然接受醫師的說法。

問題在於醫療疏失。即便人因生病而死亡，那也不過是自然的過程。因此，當家人因病過世的時候，雖然無法馬上接受，但最後還是會放下。

然而，醫療疏失屬於非自然的範疇。如果醫師拼命治療，但患者還是過世，那家屬總有一天會放下。不過，有醫療疏失的時候就會一直讓人耿耿於懷。人沒辦法這麼想：因為當初一切都交給醫師，所以即便有醫療疏失也必須接受。

發生醫療疏失的時候，不需要顧慮醫師的心情。以前家屬還會為了手術前是否該給執刀的醫師紅包而煩惱。即便是在那個年代，品德端正的醫師應該也不會收，也不會在治療時偷懶摸魚才對。如果因患者沒有包紅包而在手術過程中馬虎草率，導致最後手術失敗的話，醫師本身的風評也一定會一落千丈。

如果至今仍默默接受醫師治療方針，那就一定要有所改變。

醫療疏失是人為發生的。如果不是什麼都交給醫師，而是自己會主動查詢疾病或治療法的相關資訊，或許就能防止醫療疏失。

問題在於，對患者和家屬來說，醫師的說明實在太難懂。然而，醫師的說明雖然難懂，但發生醫療疏失要打官司的時候，患者的家屬卻能研究該疾病與治療方法，甚至到令人吃驚的地步。據說有負責的律師覺得很遺憾，認為家屬既然有此等精力，為什麼不在手術前就這麼做呢？如此想來，有不明白的地方就應該要確實問清楚。在沒有徹底了解的狀態下接受手術，一定會後悔。

這不只是患者本人和家屬的問題而已。醫者也不應該過度堅持自己的治療方針或是沒有充分說明病況。

## ♜ 習慣無意義的規則很可怕

我長年在設有護理科的高中教書。某年的第一堂課，我一進教室就發現氣氛不對。這所學校是五年制的五專，所以升上四年級之後，就可以穿便服到學校上課。四年級的話，年紀等於高中畢業剛上大學的學生。這個年紀的大學生很少穿制服。

這天，我一進教室，所有學生都穿著套裝。看到這個情形，我便問學生為什麼穿套裝？學生告訴我，因為校規改了。

另一個學生說：「服裝不整就表示心靈紊亂。」我不覺得這句話是學生自己想出來的。至少，這應該不是他自己的想法。學生或許是單純複誦老師說過的話罷了。

那麼服裝不整真的就表示心靈紊亂嗎？穿便服就等於服裝不整嗎？如果是這樣的話，穿著便服通勤的大多數人都心靈紊亂。我心想，難道沒有人對這件事感到疑惑嗎？後來聽說，也有學生反對更改的校規。有學生告訴我，穿著套裝上學會被人家誤會是正在找工作，所以很不喜歡穿套裝。然而，學校的方針沒有改變。

為什麼學生被迫接受穿套裝等學校的新方針，卻毫不抵抗地乖乖遵從？這個問題必須好好審視。

學生們被校規束縛。在這所學校我每週只有一堂課，學校每個月會在校門口檢查服裝儀容一次。學生們都默默接受檢查。

雖然每所學校都有校規，但大多數的校規都沒有意義。校規原本應該是有需要才制訂的，但是很多條文到最後都讓人不知道到底為何而出現。像校規這樣的規則，原本是為了維護和經營團體而制訂，但是最後都會忘記最初的目的。

對照原本的目的之後，就會知道校規的內容一點意義也沒有。我曾經聽說過一些荒謬的校規，譬如「在走廊上走路的時候，要遠離牆三十公分」、「在走廊轉彎的時候，要呈直角轉彎」、「只有全校三十名以內的人才能談戀愛」。

校規的目的在別處。直截了當地說，這就是為了支配、壓抑學生。當然，並不是所有規則都不合理。如果是本來就不合理、不應該遵守，或是沒必要遵守的規則，那麼乖乖遵守規則的人反而有問題。儘管是不合理的規則，但遵守規則的學生就在安全範圍內，甚至還必須懲罰違背規則的學生。包含這些學生在內，即便是不合理的規則，被套用久了就會習慣無意義的規則。在這段期間，自我思考的能力也會被剝奪。對校方來說，不會自己動腦思考的學生，控制起來很輕鬆。

## ♜絕不能默默遵從

有學校禁止學生使用社群媒體。我很驚訝竟然有學生乖乖遵守這項規定。有什麼禁止使用社群媒體的合理理由嗎？校方不出面說明嗎？如果不能接受，學生就應該找校方問清楚。明明沒有能讓學生心服口服的理由，只是一味地說「不行就是不行」，這的確也是一個問題。不過學生們如果也因為學校禁止就真的不用社群媒體，那就更有問題了。

如果有合理的理由禁止學生在學校使用社群媒體，那麼校方必須確實說明原因，並且取得學生的同意才行。即便是拍板定案的社群媒體相關規則，也僅止於學生在學校的那段時間，校規無法規定學生在家中要不要使用社群媒體。也就是說，學校不能規範學生在校外如何使用社群媒體。這就像店家可以要求來店的客人戴口罩，但不能要求客人在家裡也要戴口罩一樣。在學校用社群媒體也是相同道理，只要沒有合理的理由，就不能用「校規這樣規定」來強迫學生服從。

聽說某所學校不能帶智慧型手機上學，但可以使用非智慧型手機的行動電話。這是因為行動電話不能使用社群媒體的功能嗎？除此之外，也有學校規定任何一種手機都不能帶。雖說這是因為不讓學生在上課時看手機才這樣規定，但只要老師上課不要無聊到讓學生想滑手機不就好了。

還有學校因為曾經發生老師用手機偷拍學生的醜聞，所以校規規定老師原則上不能把手機帶出教職員辦公室。各位應該知道這種作法哪裡有問題吧。上游發生的問題，在下游是處理不完的。

有一次，我問一個學生：學校禁止學生用社群媒體，大家真的都乖乖聽話嗎？學生回答：根本沒有人在管這條規定。我聽到這裡就安心了。不過，我不是因為學生不遵守規定而安心。如果有無法遵守的規則，那麼錯就不在不遵守的人身上，而是這條無法遵守的規則有問題。不恰當的規則，沒有道理遵守。

我以前就讀的高中，校規非常嚴格，頭髮最長不能留到手指可以夾起來的程度。當時很流行長髮，所以只有我們學校是異類。然而，並不是所有人都能接受這個規定。有同學問：「其他高中都可以留長髮，為什麼只有我們要剪短？」老師這樣回答：

「你們就跟印度的僧侶一樣，現在正在修行。雖然沒有要你們都剃光頭，但就像正在修行的僧侶都穿著樸素、剃掉頭髮那樣，你們也必須穿著制服、剪短髮。

留長頭髮會分散讀書時的專注力。」

我當時覺得「老師說的應該沒錯」，但現在覺得很羞愧。我當時就讀的是男校，如果有女學生的話，學校還會強迫我們剃短髮嗎？說長頭髮的女生無法專心讀書，明顯就是很奇怪的論點。

這項校規原本應該是有什麼因緣際會才會制訂下來，但當初的原意已經被遺忘，只是機械式地重複去做，最後變成一個「奇怪的習慣」而已。三木清指出，奇怪習慣的存在，即「表示習慣是多麼容易令人頹廢的東西。」（《人生論筆記》）三木清所說的頹廢，是指「失去精神徒具形骸」的狀態。

我們必須不斷保持疑問，思考這些規定是否真的應該遵守。一旦習慣這樣的情況，最後政治人物無論說出多麼不合理的話，人民也會毫不批判地遵從。

## ♜重要的不是規則而是本質

當然，社會上還是存在應該遵守的規則。既使大家沒有遵守，也不能說這是因為規則本身有問題。以憲法來說，沒有「可以不遵守」的選項。這就好比在禁止右轉的道路上右轉而被警察攔下來時，駕駛人說：「我要靠自己的力量嘗試改變規則。」

我的另一個高中同學沒有挑戰不合理的校規，直接剃了光頭。雖然我覺得這麼做就等於認同校規，但是人實際上並不會因為剃了光頭就連生存方式都跟著改變。

出社會之後，會變得更難以不遵從公司的決定。然而，公司以員工已經請過育嬰假為由，不顧孩子剛出生仍命令員工調職；或是新居剛落成，爸爸就被迫調到其他城市，必須離開家人。像這種命令真的應該服從嗎？公司經常出現強迫員工接受不合理的人事異動情形。這種時候，員工難道就只能按照公司的指派，獨自前往調職的城市嗎？我認為此時應該要認真思考，一家人是否真的需要因為公司的關係而分隔兩地，不能一句「這也是沒辦法的事」就選擇讓步。

## ♜無法遵守的規則本身就有問題

規則如果不遵守就沒有意義，但是如果有難以遵守的規則，就像前文提到的，問題不是出在不遵守規則的人身上，而是規則本身就有疑慮，這樣的思考邏輯才合理。

首先，在不知不覺中制訂出來的規則，根本無法遵守。在制訂規則時或是制訂之後，一定要徹底宣導讓大家知道。制訂規則時，不能只是傳達上意而已，還要保留空間在規則有問題時能夠修正或撤回。那些應該完全沒讀過憲法的政客主張改革憲法，根本就是天方夜譚。

有些規則是根本不知道根據哪一條法源制訂的。這種情況通常根本就沒有考量到法律的問題。與其說是任意動用法律，不如說這些規則是和法律無關的命令。政治人物會說我們不能因循前例。然而，如果這個「前例」是法律的話，當然要繼續沿用。若是法律本身有問題，那就要透過正當的手段改革。任意改變法律的國家，算不上是法治國家。

其次，沒辦法約束特權階級的規則，也無法遵守。如果一項規則是有些人必須遵守、有些人不用遵守的話，被迫遵守規則的人當然會排斥。

我以前在某學校擔任約聘講師的時候發生過一件事。那間學校規定校內禁菸，但是某天到訪學校的來賓想抽菸，所以學校的職員就把訪客帶到教師休息室。校方大概是認為：在那裡吸菸的話，不會有學生進來，應該沒有問題。很遺憾的是，我就在那個休息室裡。職員沒辦法無視我的存在而讓來賓抽菸。

有很多人即便感染新冠肺炎也沒辦法住院。在這種狀況下，民眾如果得知有政治人物能優先住院的話，一定會覺得忿忿不平吧！在政府宣布緊急事態宣言之後，餐飲店禁止提供酒類。儘管如此，拍板決定在奧運會場可以販售酒類的時候，因為有很多人氣得站出來批評，這項計畫才撤銷。一旦放過例外，那麼原本認真堅守規則的人就會變得不想遵守，這是理所當然的結果。

第三，不合理的規則也難以遵守。如同前文提到的，規則是為了維持團體的運作，但是和原本目的毫無關聯的不合理規則實在太多了。有人認為既然是規則就必須遵守。

如果規則合理且當下情況必須遵守的話，也只要思考自己究竟要不要遵守就好，但有些人還會去監視別人有沒有遵守規則。現在這個時代有所謂的正義魔人，會去監視別人的行動。規則如果合理且得到大家同意的話，應該就不需要這樣強制。

有些地方政府打算公開不配合停業的店名。姑且不論停業、縮短營業時間等措施是否能合理又有效地預防病毒傳染，到底為何要將店名公開，或者說為何要用公開店名來威脅店家呢？直截了當地說，就是為了要分化國民。如果人民互相仇視，就不會把矛頭指向於本該承受批判的國家或地方政府身上了。如此一來，大家就會忘記這些規則原本的目的是預防疫情擴大。

## 不能習慣毫無意義的事

北朝鮮的飛彈（又被稱為飛行物）頻繁發射的時候，政府會對人民進行訓練，讓民眾一聽到警鈴響就迅速躲到餐桌下，把自己藏起來。我不知道實際上有飛彈飛過來的時候，做這種舉動是否真能撿回一條命。不過應該有很多人知道，這麼做其實毫無意義。雖然有人認為總比什麼都不做好，但這種訓練漸漸式微，即便北朝鮮發射飛彈大家也處之泰然。

這種訓練有其目的，那就是為了讓人民習慣毫無意義的事。一直不斷重複無意義的事，最後大家就不會心存疑問。政客和官僚持續說謊的話，剛開始雖然會覺得很傻眼，但不知從什麼時候開始這種感覺也會漸漸消失，大家也就習慣了。

無論何時，我們都應該要持續追問為什麼要做這件事？而且政府也應該提出所有人都能接受的合理說明。不合理就編出一套道理，這種做法是行不通的。

我們首先要做的就是抱持疑問。

東日本大地震後有計畫性的停電，讓人聯想到戰爭中的燈火管制。後來才知道當初根本不需要有計畫性地停電，但是因為當時核電廠已經停止運轉，所以才會有很多人以為真的是電力不足才會無法送電，但實際上並沒有電力不足的問題。

自從奧運決定辦在東京之後，每年夏季的高溫就變成大問題。更不用說是新冠肺炎，只要有考量到人命，大多數人都知道不可能在大熱天舉辦競技比賽。妄想靠陽傘和潑水來度過熱浪，真是可笑。做這些事根本無法影響炎熱的天氣。

如果周遭的氣氛讓人很難直接說出這種作法「根本沒有意義」，那就實在太可怕了。

## ♜學習蘇格拉底為法與正義甘冒危險

我看電視劇的時候，劇中出現昭和三十年代公司招聘新員工的考試狀況。現在大家都穿著瑞可利的西裝參加招聘考試，但是劇中描繪當時的年輕人都穿著便服。由老闆親自參與招聘考試。雖然是筆試，但是沒有桌子。現在的年輕人如果看到考場沒有桌子，即便覺得奇怪大概也不會抗議，但是劇中的考生直接向老闆抗議。如果擔心這樣會給老闆留下壞印象，以致最後落榜的話，大概就沒辦法這麼做吧！

對政府的發言毫不批判就默默遵從也是一個問題。這和愛不愛國是兩回事。當然，政權和國家不同。蘇格拉底比任何人都深愛祖國雅典。然而，他仍然沒有在毫不批判的狀況下就接受政權的所作所為。

西元前四〇四年，在雅典的投降之下，結束持續二十七年的伯羅奔尼撒戰爭。戰後便建立反民主派的三十人僭主集團。

這個政權以斯巴達勢力為後盾，變成一個陸續逮捕並處刑反對派與疑似反對派的獨裁政權。該政權命令蘇格拉底與其他市民，把住在薩拉米斯的無辜之人萊昂強行帶去處決。

此時，蘇格拉底怎麼做呢？其他四個人前往薩拉米斯押送萊昂，但蘇格拉底拒絕政權不正當的命令，卻自己回家了。

「當時，我不是透過話語，而是透過行動再度表明，說得不好聽一點，我一點也不在意生死，這種既不正當又無理的事情，我是絕對不會做的。」（柏拉圖《蘇格拉底的申辯》）

蘇格拉底之所以說「再度」，是因為他擔任評議員的時候，曾經遇到因為在海戰上沒有救出漂流者就審判十名大將，執法部門的官員中只有蘇格拉底投反對票。即便蘇格拉底有可能因為這樣而被捕處死，但他仍認為這十名大將並沒違法。

這個政權在隔年民主派的武力抵抗之下倒臺，蘇格拉底就曾經說過，如果那個政權沒有馬上倒臺的話，自己應該早就被殺了。後來蘇格拉底被判死刑的時候，其實也不是不能逃，但他還是接受死刑。他也因此遭受誤解，但是蘇格拉底並非完全服從國家的命令，而是為了正義，甘冒死亡的危險。當然，現代的我們就算沒有蘇格拉底那樣的勇氣，至少也必須知道，蘇格拉底並沒有把服從政權的決定和對祖國忠誠這兩件事混為一談。

## 不需要上對下的秩序

為什麼會需要人們去遵從不合理的規定呢？首先，因為政權就是透過像剛才那樣讓人們習慣毫無意義的事，進一步打造出順從的人群。

接著，政權必須在團體中建立起一套秩序。然而，秩序原本並不是由上到下強迫遵守或是套用一個模式的東西。

而且，有時候雖然為了建立秩序必須排除一些有異議的人，但是認為秩序就是靠這種方式建立起來，那就大錯特錯。我認為政客的問題在於他們都異口同聲打著統一的口號。雖然聽起來好聽，但是這有可能會形成一個不認同異議的強大同儕壓力的團體。

如果要比喻的話，這就像在整理書架的時候，無論什麼內容都用書本的大小分類陳列一樣。想在團體中建立秩序的人，會認為自己必須排除異議。塞不進書架的大開本只能捨棄，就算不丟掉，也只能移到別處放置。

用這樣的方式整理，書架上的書或許乍看之下排列得很整齊，但是對工作毫無幫助。同理，也會有人為了建立外部秩序而使用道德觀念。秩序並非完全不需要，但若不是自己能認同，而且是自發性地推動當今必要的規則，那麼建立內部秩序也毫無意義。

國家是在戰爭的時候才最需要秩序。飛彈打過來的時候要躲在桌子底下，這種訓練也是為了在人民間建立秩序。

有時候也會以人類對抗疾病來比喻。我想小說中的登場人物所說的「這是為了在戰爭真的發生時，能輕鬆獲得國民支持所做的準備」（伊坂幸太郎《PK》），應該很有可能發生。

只要外部有敵人，國民就會團結對抗強敵，所以也可以說是為了讓國民團結一致才引發戰爭。雖然病毒不是來自外部的敵人，但只要主張大家必須團結一致對抗病毒，就算有些人反對和他國戰爭，也不太會有人反對抵抗病毒吧。

秩序會在這種狀況下建立起來。在建立起秩序的社會中，大家就會期待所有人的想法、行為都一致。因此，大家就會討厭或憎恨那些像蘇格拉底那樣，行為和群體不同調、不怕遭人非議說出實話的人。

## ♜ 不要同流合汙

為什麼會有人對上司的營私舞弊睜一隻眼閉一隻眼，或是按照上司的命令去做同流合汙的事呢？

或者說，有些人就算沒有被強迫，也會認為替上司隱瞞真相對自己有利。這種人或許是在上司什麼都沒說的狀況下，擅自揣摩上意。

在上司的命令之下營私舞弊或是揣測上意後同流合汙的人，認為這麼做對自己來說是一種「善行」（即對自己有利）。不過，我們可以再更詳細探討，為什麼會發生這種事？

下屬可能會覺得如果上司對自己有好印象的話就能升遷，而且上司實際上也有可能真的約定好要讓下屬升遷。

三木清說：

「如果人手上握有一點權力，那最容易駕馭的一定是成功主義者。操控下屬最簡單的方法就是灌輸下屬出人頭地的意識形態。」（《人生論筆記》）

這裡說的話，到了現代也相通。現在這個時代一點也沒變，和三木清那個時代一模一樣。上司會告訴下屬，出人頭地就是人生最重要的事，只要暗示下屬會幫忙升遷，身為「成功主義者」的下屬就會聽從上司的指示。

因對方暗示會奉上報酬和地位，官僚可以說終日為了那些無能的政客說謊。

雖然不至於完全失去廉恥，但人只要判斷這麼做對自己有利，即便被批評是在說謊，也照樣會說出任何人都能看穿的謊言。也就是說，人們會衡量利弊，儘管說謊可能暫時導致自己的風評變差，但以後會因此升遷，對自己來說還是有利。

然而，當人決定說謊說到底，最後也真的升遷，那些行為真的是「善行」嗎？

不惜做到這個地步才能升遷、獲得成功，真的有價值嗎？雖然我對這點有所質疑，但上司以生計威脅，下屬也無法反抗。上司不只會暗示升遷，同時也會威脅下屬，不聽話就會被冷落。如此一來，下屬就更無法反抗上司。下屬只能看上司的臉色，按照上司的命令去做，即便是營私舞弊的壞事也一樣。

有一些人被上司強迫必須參與營私舞弊，但因此良心受到苛責，最後甚至走上絕路，真的很令人心痛。為了不要再發生這種事，我們必須了解，即便是上司指示，營私舞弊仍然不是「善行」。如果我們不能打造一個當上司的指示有錯時能夠提出異議的社會，今後還是會不斷發生相同的憾事。

## ♜不屈服於同儕壓力

此外，有些人會在意他人的看法，即便有想做的事情也不會去做，盡量不破壞群體內的和諧，覺得這樣對周遭的人來說比較好。

這些人也會期待大家做一樣的事。人不能屈服於這種同儕壓力。這種壓力有時候也會違反正義。如果大多數人都覺得奇怪，就不會產生同儕壓力了。但是，認為即便有錯也必須遵從，甚至對不遵從的人施加壓力，其實很不應該。或許也有人認為，既然大家都這麼做應該不會有錯。

職場上充滿強烈的同儕壓力，所以很多人會覺得大家都沒下班，即便自己工作做完也不敢走。或許真的有必須完成的工作才無法準時下班，但也不至於到不能走的地步吧。雖然可以下班，但別人還在工作的話，就不能僅僅自己先離開。

應該是說，有些人會覺得自己不應該下班。這裡也存在所謂的「氛圍」。有人認為世界上真的存在「氛圍」這種東西。

本來就因為工作太多導致晚歸，如果還要配合上司晚下班，那很有可能會演變成過勞死。儘管如此，為什麼大家還是會屈服於職場上的同儕壓力，認為自己是不對的呢？

如果同儕壓力強大，只要有一個人不同調就會被抨擊，同儕的力量就會把這個人從團體中排除。《被討厭的勇氣》要拍成電視劇的時候，我很驚訝有很多人出言批評。主角是一位刑警，他只按照自己的判斷行動，不去迎合別人；他認為不需要參加的會議就不參加，而且態度非常淡然。似乎是因為這個角色設定讓部分民眾反感，主角就是不合群的人。

這位刑警能力出眾，很會抓犯人。即便一個人個性很合群，和上司、同事也相處融洽，無法逮捕犯人就不能算是有能力的刑警。為了逮捕犯人，必要的會議當然要參加。然而，大多數的職場都在開一些浪費時間的會議。就算是必要的會議，也會花太長時間。開會的時間其實還有很多該做的事要做，但大家還是無奈地參加，這種會議根本沒必要開。

很多人驚訝於電視劇中有這麼一個不參加會議的刑警，但是應該也會有人很羨慕他能夠按照自己的信念行動。因為現實世界裡，即便不想開會，還是很難不參加。電視劇中有一幕是主角的其中一位上司對他說「我真羨慕你」。雖然會批評別人任性、以自我為中心，但其實自己也想做一樣的事。然而，這位上司只是想，其實根本不敢真的付諸實行，所以才會覺得自己很沒用。

## 拋棄「想討好別人」的想法

不參與會議，工作做完就下班。這麼做或許會在職場上被孤立。人之所以會屈服於同儕壓力，就是因為想討好別人。或者說，至少不想因為和大家的行動不一致而被批評為不合群。

「被討厭的勇氣」光是這一句話就已經很有孤獨感，不過本來就覺得被討厭也無所謂的人，根本就不需要被討厭的勇氣。無時無刻在擔心別人如何看待自己言行的人，至少不會故意傷害別人吧。如果是能夠考量別人心情的人，就不需要在意別人怎麼看待自己，應該要說出自己想說的話才對。

在意別人如何看待自己的人，通常沒有自己的想法，因為想討好人，所以對誰都和藹可親。即便是對立場相反的人，也會誓死效忠。如此一來，這樣的人就會失去別人的信賴。

除此之外，這樣的人也沒辦法活出自己的人生。雖然傾聽別人的意見也很重要，但畢竟是自己的人生，只有自己能決定。

儘管會失去別人的信賴、無法活出自己的人生，還是會去配合別人。因為在自己的判斷下行動，最後如果失敗的話，責任只能自己扛，但是按照某個人說的話去做而不順利，就可以把責任推到那個人身上。

然而，當你決定要聽從某個人的意見時，就必須為這個決定負責了。之後再來說「都是你害我遇到這麼慘的事」，或許對方根本就不記得當初曾經插足別人的人生。即便聲稱「當時你這樣對我說過」，永遠都記得這件事的人也只有自己。

按照他人的意見為自己的人生做出重大決定，結果沒有按照自己所想去走，而把責任轉嫁到別人身上也毫無意義。因為即便最後才發現按照別人的意見度過心不甘情不願的人生，那也是自己的一生，而不是別人的。

## ♜與期待背道而馳的行動需要勇氣

在職場上千萬不要揣測上司的心意。想要在上司面前求表現，期待這麼做會得到升遷，因此幫助上司營私舞弊。於是，如前所述，當發生問題的時候，上司只會把罪推給下屬。上司或許會說，那是下屬擅自揣測，自己從未下達竄改文件的指示。

想在上司面前求表現的人，會揣測上司的心情，當上司命令自己營私舞弊的時候，也不會感到煩惱。

然而，有良心的人接到上司營私舞弊的命令時，一定會猶豫不決。即便只是聽從過一次指示，之後還是會後悔。會去揣測上意的人不會感到良心的譴責，但是被迫營私舞弊終究關係到人的尊嚴。

話雖如此，實際上下屬就是很難拒絕上司的命令。要是拒絕，生計就會受到影響。

儘管如此，也不能同流合汙。到底該怎麼做，才能完全不遵從上司營私舞弊的命令呢？我們必須思考：如何才能培養拒絕上司指示的勇氣？

三木清說過：

「我的生活是建立在期待之上。」（《人生論筆記》）

在他說完這句話之後，接著又說：

「有時候我們必須擁有與期待背道而馳的勇氣。」

人生在世並非為了滿足他人的期待而活。下屬不需要滿足上司的期待，因為下屬不是誓死效忠上司的戰士。

然而，被出人頭地的意識形態囚禁的下屬，或許就無法違背上司的命令。即便如此，有良心的人也不應該對上司的營私舞弊睜一隻眼閉一隻眼。現在這個時代，讓我們只能殷切盼望社會上還有這麼想的人。

## ♜ 情感是「社會化」的產物，智慧才是「主觀」與「人格」的結晶

如果原本以為會按照上司的意思行動的下屬，違抗上司時，上司就會來安撫、勸說或者恐嚇，用盡各種手段來推翻下屬原本的決定。

下屬必須擁有與上司的期待背道而馳的勇氣。然而，大多數人即便認為應該違抗上司，也還是不會這麼做，原因有二。

其一是因為人會被情感影響。當上司要求違抗自己的部下改變心意時，會用安撫、勸說等感性的手段。下屬通常無法抵抗這種情感。為什麼呢？

三木清這樣說：

「一般認為情感屬於主觀概念，智慧屬於客觀概念，這種見解有其謬誤。應該是兩者相反才更接近真理。情感在大多數的狀況下是客觀且經過社會化的產物，而智慧則是主觀且具有人格性。」（同前書）

情感是「客觀」、「經過社會化的產物」，這是什麼意思呢？

如果情感是完全主觀，屬於個人內在的東西，那麼外人就無法訴諸情感或煽動情感。外人之所以能夠動搖情感，完全是因為情感屬於社會化的外在產物。

大部分不靠自己思考判斷、想給大家好印象的人，通常不會做出與眾不同的事。

另一方面，智慧不像情感那樣能夠煽動。因為智慧是主觀、屬於個人人格的東西。

因此，擁有人格內在智慧的人，不會因為情感上的不穩定而動搖。不會害怕告發上司的營私舞弊，也不會害怕因此變得孤獨。因為這樣的人能夠判斷，營私舞弊絕對不是「善行」，對自己毫無益處。三木這樣說：

「真正的主觀情感就是智慧。孤獨不是情感，而是一種智慧。」（同前書）

如果被認為是情感的東西，都具有人格與內在屬性，那麼就不該歸類為情感，而是屬於智慧。在此三木所說的「孤獨」，不是一個人孤伶伶的那種情感。如果對於自己孤身一人保有自覺，那麼這就是一種智慧。

## ♜ 不要失去個人特質

現在這個時代，因為同儕壓力強大，所以很少有人能抵抗。畢竟只有自己和別人不一樣的話，很有可能會被孤立。為什麼會變成這樣？其實是因為大家沒有「個人特質」。

實際上，年輕人甚至會向企業強調自己是任何人都能取代的「人才」。人才原本指的是「擁有優秀才能的人物」，然而現在意義已經轉變成「營運組織的材料」了。

這是因為企業想聘用的是「人才」，而不是獨一無二的這個人，所以求職者就連服裝、髮型、化妝都要配合企業的愛好。以前我曾經在某個旅行公司演講，那天剛好是招募考試，有很多大學生在走廊排隊等待面試。

裡面有一位大學生穿著民族服飾來參加考試。旅行公司的人看到那位學生的衣服馬上說「她絕對不會被錄取」。因為那間公司不會聘用與眾不同、格外顯眼的人。

這種學生算是少數，幾乎所有學生都穿著瑞可利的西裝參加考試。如果問那些穿著瑞可利西裝的學生為什麼不穿便服，他們應該會回答：刻意不合群，會讓考官留下壞印象，要是因此沒被錄取，不就賠了夫人又折兵。總之，學生一定會優先考量錄取與否。不惜犧牲自己的愛好最後獲得聘用的學生，開始上班之後仍然要處處在意上司的看法，無法自由自在。

這種沒有個人特質的人組成的組織，任何人都能替代。要是消耗完畢，丟掉就好了。

因此，在這種組織中殘存，想要進一步升遷的人，就會遵從上司的指示，為了討上司歡心而努力。原本發揮實力、嶄露頭角對公司來說應該很重要，公司也應該錄取這種人，但是企業不會選擇有可能造成威脅的人，而是選擇其他人都能夠接替的「人才」。甚至有經營者說，讀大學時可以不用學任何東西，來上班後，公司就會教了。

## ♜ 毫不批判地遵守規則會失去個人特質

為了抹滅個人特質，必須建立秩序。如同先前提到的，只有在戰爭的時候才會特別需要秩序。反之，天下太平的時候就不需要秩序。這裡說的秩序是指大家都要做一樣的事。當政府開始主張秩序的必要性時，就是希望國民不要自行思考，只要唯唯諾諾地服從政府的指示即可。

軍隊就是典型以出人頭地為目標的組織。戰爭和組織成員的個人特質或幸福無關。當然也與生命無關。如果在戰爭中死亡，只要再補充新的人力即可。

在這種時代，個人的幸福會被抹煞。還會出現一些主張「重視國民生活的政策並非良策」的政客；刻意強調政策是為國民而存在的政治人物，其實壓根沒有打算這麼做。

觀察現在的學校教育也一樣，強迫學生穿制服、指導服裝儀容都是為了剝奪學生的個人特質。就算學生穿著便服去上學、不檢查服裝儀容，學校也不會因此陷入混亂。學校基本上就是學習的地方。應該很少有人會覺得補習班也要檢查服裝儀容吧！

歌德這樣說：「只要不失去自我，生活就不苦。只要自己還是自己，那失去

一切都在所不惜。」（*West-östlicher Divan*）

歌德也說過這樣的話：

「不需要為了某個目的而支配或服從別人的人，才擁有真正的幸福，而且這樣的人也很偉大。」（*Götz von Berlichingen*）

如同先前提到的，有些人會覺得，只要自己不決定就不需要負責任。即便沒有別人的指示也會自動自發去做，或者是認為自己有價值，才是真正的獨立。

三木清說：

「幸福是一種人格。可以像脫外套一樣總是輕鬆拋棄其他幸福的人，才最幸福。然而，他不會拋棄也無法拋棄真正的幸福。他的幸福就和他的生命一樣，和自己形成一體。他會帶著這分幸福面對所有困難。以幸福為武器戰鬥的人，即便失敗還是很幸福。」（《人生論筆記》）

有人會認為自己必須靠外套保護才能活下去。然而，就算失去並非真正幸福的東西，自己還是自己，只要你還是無可取代的自己，無論遇到什麼事還是能繼續戰鬥。

## ♜不要落入虛無主義的陷阱中

評斷食物好不好吃或者辣不辣，每個人的標準都不同，但那不會是個大問題。一樣的東西，有人覺得好吃，也有人覺得難吃，討論這種判斷是否正確沒什麼意義。這種價值相對的爭辯自古希臘時代就有。詭辯學派的代表人物普羅達哥拉斯說「人是萬物的尺度」。

然而，食物對健康是否有益、有無害處這種議題，無法取決於個人的主觀判斷。也就是說，「我認為這種食物有益健康」的意見根本沒有意義。原本以為有益健康的食物，有可能其實對健康有害。這種事情無法靠主觀決定。

關於蘇格拉底「沒有人想要為惡」的悖論，命題中用到的「惡」和反義詞「善」不具有道德意義，善惡代表的是「利與害」，也就是「有助益」或「無助益」，這種情形下的善惡就無法用主觀判斷。

關於善與惡，只是人們缺乏了解而已，世界上並非不存在絕對的善惡。

柏拉圖之所以主張哲人政治論，就是因為他認為民主主義有陷入虛無主義或無政府主義的危險。柏拉圖反對價值相對化和虛無主義。

三木清這樣說：

「如果不想被獨裁統治，那就要克服虛無主義，由內而外重新建立政權。但

是，現在我國大多數的知識階層雖然極度討厭獨裁，自己卻無論如何都無法從虛無主義中跳脫出來。」（同前書）

如此一來，就正中獨裁者的下懷了。在已經有根深蒂固價值觀的地方很難培養新的價值觀，但是要灌輸虛無主義者某種價值觀卻很容易。

## ♜思索絕對的真理

從小就一心為考試而讀書，為了讀書犧牲一切，最後考上知名大學的學生，擁有大量能夠通過考試的必要知識，被問問題時或許能馬上答出來，但其中應該也有學生從來沒試過自己找問題並且解答吧，而且很多問題根本就沒有答案。數學界有時候必須證明「這個算式無法證明」。以新冠肺炎為例，這種病毒屬於未知病毒，所以從前的知識根本派不上用場。

思考任何事情都需要時間。然而，考試的時候如果花太多時間思考，就沒辦法答完所有的題目。擅長考試技巧的學生可以考上大學，但是懂得花時間思考的學生反而考不上。考試無法測量這種學生的能力。

奧姆真理教事件發生的時候，有高學歷的年輕人按照教主的指示犯下殺人罪。我當時不能理解他們為什麼會做這種事，但是我想這些不懂得靠自己思考、不懂得懷疑的年輕人，應該是輕輕鬆鬆就被擁有強烈個人特質的教主洗腦了吧！這個世界上並非不存在絕對的價值，只不過要了解這些價值並不容易。當阿德勒說「我們身邊沒有絕對的真理」（《阿德勒心理學講義》）的時候，並不是在說世界上不存在絕對的真理，而是指我們要了解絕對的真理並不容易。

我們認為正確的事，有可能是錯的。要產生這種想法，必須先懷疑自己是不是什麼都不懂。認為自己什麼都不懂的人，反而有可能靠近真理。

即便不是宗教團體，一般企業也會洗腦新人。就像之前提到的，有一些公司會告訴應聘的學生，讀大學的時候可以不用學任何東西，到時候公司會從頭開始教。公司根本就不希望年輕人自己動腦思考。

政客也是盡一切努力讓國民什麼都不想。政治人物在電視上說消毒劑可以有效預防新冠肺炎的感染，之後各大藥局裡的相關商品馬上就銷售一空。

很多人不以應具備的能力來評斷為政者，反而用外表或個人喜好來選擇要不要支持政治人物。雖然只報導這種資訊的媒體也有問題，但是喜歡看這種節目的人也很有問題。因為人民都不思考，所以即便政權施行惡政，支持率仍然不減。

## 從「有限的資訊」中做出正確判斷的能力

為了克服相對主義甚至是虛無主義，我們絕對不能停止思考或者懷疑。不思考的話，就會把偶然聽到或看到的東西當真。現在這個時代，只要在社群媒體上讀到訊息（或許用「看到」比較正確）就會馬上按「讚」或是分享，根本不會確認資訊來源，也不會思考上面寫的東西是否屬實。如此一來，將導致錯誤的資訊擴散。即便之後想要糾正錯誤的資訊，已經持續散播的錯誤資訊也不會停下來。

自己沒有充分思考，毫不批判地接受某個人的說法，到最後人會沒有辦法自己判斷任何事。越來越多人不思考，這對為政者來說是一件樂事。因為這樣的話為政者就能輕鬆灌輸民眾對自己有利的想法。

現在這個時代更有問題的是媒體不會好好報導社會上發生的事。如果有確實的報導，具思考能力的人就可以根據報導做出正確的判斷，而媒體若是只報導對政治人物有利的資訊，人民就很難做出正確的判斷。有時候是政治人物對報導施加壓力，也有時候是媒體擅自揣測政治人物的心思而刻意不報導。

然而，即便在這種狀況下，只要擁有思考能力，資訊少也能做正確的判斷。我還是學生的時候，曾經當過家教老師。我想起某年教過的一名高中生。那個學生英文不太好，但是很擅長回答「和內文一致打圈、不一致打叉」的長文閱讀題。他雖然沒辦法閱讀詳細的內文，但能夠判斷這一段大概寫了什麼，反之，也能判斷這個段落不可能寫什麼。資訊少的話的確很難做出正確的判斷，但是即便資訊只有一點點，也不至於讓人完全無法做出正確的判斷。

觀察我三歲的孫子就會發現，他很認真在聽大人說話。他應該是從大人的談話中，抓出自己聽得懂的單字，試圖理解大人的對話吧。而且，非常令人驚訝的是，他的理解大致都正確。如果聽不懂，他會主動問：「你們現在在說什麼？」如果他認為大人是在聊和自己無關的事情，應該不會特別想問大人在聊什麼，不過即便不是和自己有關的話題，他也會豎耳傾聽。人應該就是在重複這些經驗的時候，慢慢增加詞彙量，也變得能夠了解內容。

最重要的是，請先去關心目前發生的事。人必須了解現在發生的事情一定會以某種形式和自己相關，才會去關心這件事。

## 根據「被修改的資訊」做出正確判斷的能力

接著就是要擁有根據「被修改的資訊」做出判斷的能力。加藤周一出席神田盾夫教授的拉丁語課。在學生要受軍事訓練並受徵召當學生兵的時代，很少有人對拉丁語的母音長短有興趣。大學校內或本鄉大道上，幾乎看不到除了國民服以外的服裝，而教授卻穿著英國製的西裝出現在教室內。任誰看來這都是一種挑釁，而且教授還穿著這樣的服裝開車到學校上班。

一九四四年六月日本得知諾曼第戰役開始的那天，下課後教授一邊收拾一邊自言自語地說：

「唉呀，如此一來，敵我雙方都會很慘啊！」

他走到教室門前又突然停下腳步，回頭朝著學生說：

「我所謂的敵人，當然是指德國。」

「我們瞬間愣了一下，然後面面相覷，等回過神來的時候，神田教授已經不在那裡了。」（《羊之歌》）

這個時代資訊並不受限，反而是會有很多偏頗的資訊。即便是在這樣的狀態下，應該也有人能像神田教授那樣能夠做出正確判斷才對。

## 抱持生活者的實際感受

即便資訊少也能做出正確判斷的例子還有一個。

哲學家鶴見俊輔，引用了土岐善麿的短歌。（〈以「不想被殺」為根據〉《朝日新聞》二〇〇三年三月二十四日晚報）

「你當初覺得日本會贏，是嗎？」家中老妻惆悵地說。（歌集《夏草》）

這是一首記錄一九四五年八月十五日那天家中情況的短歌。土岐善麿演講的時候提到，他自明治到大正年間都反對戰爭，但身為媒體人，進入昭和時代之後還是轉為支持戰爭。鶴見俊輔說，那段期間在家中廚房料理三餐的妻子，從貧乏的食材中持續觀察到另一種現狀。

「宣布戰敗的當晚，很多男人連吃飯的力氣都沒有了。但是，那個時候有女人因此無法準備晚餐嗎？女人就像平常一樣，照樣料理三餐。這種默默無語的態度之中，萌生了和平運動的根基。」

「理論無法長期支撐反戰的態度。因為理論並未深植在自己的生活之中。」

土岐善麿也還寫了這樣的短歌。

孩子們三度被徵兵，我是否該祈禱戰敗？（歌集《夏草》）

戰爭時，雖然孩子們三度被徵兵讓他很難過，但土岐善麿還是無法祈禱日本戰敗。對生活有期望的人，當然要對戰爭發出異議。

針對即便只有些許資訊也能做出正確的判斷這點，只要每天張羅三餐，當發現越來越難獲得食材，就會知道這和戰爭有關。即便不知道細節，應該也會發現報導與事實不符，當時的日本正節節敗退才對。

## 以「當事人」的角度思考

除此之外，還必須以「我」為主詞，從「受者」而非「施者」的角度思考。

在思考一件事的時候，有人會把自己放在安全區裡，像評論員一樣看待事物。雖然知道如果消費稅提高，人民的生活馬上就會變得更辛苦，但國家還是堅持要提高稅金。平時根本沒有在買菜的政治人物跑去超市，然後說「看起來沒有引起太大的混亂」。

「消費稅上漲也是沒辦法的事啊！我想盡我所能，為國家出一分力。如果被選為陪審員的話，我當然會請假去開庭。特定秘密保護法也是為了守護國家，不得已才制定的，我們應該要盡量支持才對。」

會說這種話的人，並沒有以生活者的角度看待事物。因為把自己身上發生的事當成別人家的事隔岸觀火，所以才能像評論家一樣分析、評論。這些人一點也不了解，當這些事情發生在自己身上的時候會怎麼樣。

雖然不能容許從政者將稅金收到自己的口袋，但是對這些事情漠不關心的人，應該也不關心自己繳的稅金到底被用在哪裡吧？說不定這些人根本不會自己去購物。不是生活者的話，就不會感受到消費稅提高對生活有多大的影響。

雖然我們需要以客觀的角度看待事物，但是隔岸觀火的態度就不對了。為了能夠正確判斷，我們必須以生活者的角度思考。

置身事外的人，不會以當事人的角度思考。因為他們無法從消費稅提高會令「自身」困擾的觀點思考，反而是從政治人物的角度看待社會上發生的事情。

如果是在戰爭的時候，這些人會開開心心地讓孩子去當兵嗎？其中或許會有人真的覺得很光榮，或者至少在人前顯得很開心，但是身為把孩子送上戰場的父母，心裡一定不會為孩子去當兵感到喜悅。他們一定會希望孩子活著回家吧。

站在「施者」立場的人，對人死於戰爭一點感覺也沒有。「施者」這個表達方式可能會招致誤解，但是決定戰爭的政治人物和軍人，並沒有親自上戰場的打算。

核電廠問題也一樣，不是從政治人物的觀點，而是從「自身」的觀點來看待的話，就不會贊同核電廠是經濟發展必需品的看法。重視經濟的社會，一定會認為犧牲弱者或一個地區是無可奈何的事。自己待在安全範圍，思考應該優先考量哪一邊的人才會有這種想法。

新冠肺炎也一樣。認為必須維持經濟活動的人，就是從「施者」的角度在思考。這樣的人會主張，為了維持經濟活動，犧牲人命也是無可奈何。然而，這個時候所謂的「人」，並不包含說出這些話的自己。

## 沒有一件事和自己完全無關

因此，我們一定要關心眼前發生的事，絕對不能認為什麼事都和自己無關。附近的人只要做錯事，馬上就會影響到自己。就像隔壁鄰居的狗吠聲很吵一樣。然而，很多人認為政治和自己無關，至少沒有直接關係，所以對政治漠不關心。即便有選舉，還是有很多人覺得自己這一票對大局沒什麼影響，所以就不去投票。

然而，乍看之下不會直接發生在自己身上（雖然只是自以為）、和自己無關，但發生在這個世界的事情並非和自己完全無關。如果目前發生的事非常不合理就更是如此。阿德勒這樣說：

「這個世界的確存在邪惡、困難、偏見。然而，這就是我們的世界，無論優點或缺點都是我們的一部分。」（《人生意義心理學》）

這裡提到邪惡、困難、偏見。阿德勒認為，這些東西本來就存在，而且也是我們的一部分。

阿德勒某次說道：

「即便是在中國的某處有孩子被毆打，我們都應該予以譴責。這個世界沒有任何一件事和我們毫無關係。我一直在思考，自己能為改變世界做些什麼。」

（Phyllis Bottome, *Alfred Adler*）

也就是說，我們不能當一個旁觀者。「interest」表示「存在（est）於之間（inter）」的意思。所謂的「關心」就是指認為每件事並非和自己毫無瓜葛，而是都和自己有關。

《維摩詰經》中有一個場景是釋迦牟尼的弟子文殊菩薩前往探視生病的維摩。當菩薩問這個病因何而生的時候，維摩這樣回答：

「以一切眾生病，是故我病。」

維摩認為，不能放著別人的痛苦不管，只追求自己的幸福。認為他人的痛苦與自己有關係和沒關係，兩者之間有很大的差異。

## ♜站在他人的立場思考

該怎麼做才能覺得所有正在發生的事情都和自己有關，並不是毫無關聯的身外事？或者不是從第三者的角度，而是從當事人的角度思考呢？

首先，我們必須了解他人的想法不會和自己一樣，所以我們不見得能完全理解他人。有些人會深信對方的想法一定和自己一樣。和這種人來往非常麻煩，即便試著說自己沒有這麼想，但對方還是會回應「你應該就是這麼想」。這種人很難發現自己的錯誤。

然而，我們一定要做到一件事。雖然無法理解對方的感受，但是要明白自己的想法、感受、看法並非絕對。

接著，一定要有「同理心」。也就是設身處地為對方著想。光聽這段話可能會覺得自己還算聽得懂，不過要站在對方的立場思考並不容易。阿德勒說過：「用對方的眼睛去看，用對方的耳朵去聽，用對方的心去感受。」（《阿德勒心理學講義》）為了要觀察對方，我們只能用自己的眼睛，所以要用對方的眼睛去看，本來就不可能。用對方的耳朵去聽也一樣。即便如此，阿德勒還是這樣說，那是因為用自己的眼睛去看，也就是從自己的立場看對方，通常都會出錯。

阿德勒也用過「一視同仁」這個詞彙。只要努力站在對方的立場，無論是自己還是對方都「一視同仁」，就能夠更理解對方的想法。

阿德勒說過，如果擦窗戶的人差點踩空，看到這個景象的自己也會覺得膽戰心驚吧。聽別人說話的時候，如果沒有站在別人的立場就無法理解。另外，在很多聽眾面前演講的人如果講到一半突然停下來、一時語塞的話，聽的人應該也會像是自己碰到這種狀況一樣，覺得很不好意思。（《陷入教育困境的孩子》）

英文是用「自己親自穿著他人的鞋子」來表示「將心比心」。

最近幾年颱風很多，經常出現需要避難的狀況。曾經發生過流浪漢被趕出避難所的情形。美佳子．布雷迪（Mikako Brady）的兒子說「應該要將心比心看待被趕出去的人」。（〈日英之間衝擊性的教育差異催生「紀實大獎」的獲獎作品〉美佳子．布雷迪、岸見一郎《*DIAMOND online*》二〇一九年十一月二十七日）。

避難所的負責人認為其他避難者和在設施裡工作的其他人應該不想接納流浪漢，所以才會把人趕走。如果接納流浪漢進來避難，的確可能會有人反對，但應該不是所有人都反對吧。應該也會有人贊成才對。趕走流浪漢的人覺得大家不會接受，是因為不信任這個社會。

負責人對來避難的人群和工作人員有做到將心比心，但對流浪漢卻沒有將心比心。如果能對流浪漢將心比心，就能想像流浪漢如何度過這場暴風雨。來到避難所的人也能對流浪漢產生同理心。若站在流浪漢的立場思考，要想像暴露在豪雨中會發生什麼事並不困難。

然而，對社會失去信賴感的負責人，無法正確理解避難所裡大多數人的想法。

## ♜不能凡事都由別人決定

如果能站在對方的立場思考，產生同理心，就不會對社會上發生的事情漠不關心。

然而，有一些行為會阻止人們關心社會。我看政治人物的海報上面寫著「一切都交給我」。看到這句話，我心裡想著「真的會有人想把一切交給政治人物嗎？」世界上沒有一件事可假手他人。譬如新冠肺炎，很多人知道，如果這件事都交給政治人物處理，他們錯誤的判斷馬上就會危及自己的生命。當然，這並不代表政府可以什麼都不做。政治人物主張人民自助或互相幫助簡直就是怪事一樁。明明有公共機關協助，但人民卻不能只靠政府或是無法依賴政府，反而必須靠自己的判斷保護自己的生命。

雖然我們應該尊重專家的見解，但仍然不能什麼都交給別人判斷。前文提到家長式主義的問題，如果以醫療為例，關於自己的疾病和治療方針就必須聆聽專家的意見。儘管如此，病患也不能盡信醫師的話。

萊納・瑪利亞・里爾克（Rainer Maria Rilke）的小說裡有一篇這樣的故事：

某個農夫一個人獨自蓋教堂。剛好工程進行到組裝完屋頂的橫樑，接下來要在樑上鋪設小片的木板。奇妙的是，農夫一直在教堂爬上爬下，用長袍包著堆疊在地上的木板，一片一片搬運。農夫必須一直用梯子上下攀爬。

俄羅斯沙皇伊凡雷帝看到他工作的樣子，忍不住大喊：

「笨蛋，一次多拿一點木板上去不就好了。這樣比較省時間吧。」

剛好正要爬下梯子的農夫回答：

「工程的事情必須全權交給我。自己的工作只有自己最了解。」（Rainer Maria Rilke, *Geschichten vom lieben Gott*）

看著若無其事對談的這位沙皇和農夫，我覺得現在這個時代仍然可以發現相同的事。

「自己的工作只有自己最了解」（Jeder versteht sein Handwerk am besten），這句話就相當於日文諺語所說的「麻糬要去麻糬店買」。

以前曾經有一位汽車製造的技師對我說過：

「應該沒有人比我們對車子更熟悉了吧。」

從這句話可以感受到，他對汽車瞭如指掌的驕傲。不僅限於汽車，每個行業都有專家。當然，門外漢沒辦法和專家相比。

按照剛才的例子，農夫（專家）之所以一片一片地搬運木板到屋頂，一定有其原因。然而，認為「效率」最重要的沙皇無法理解農夫正在做的事情。也就是說，沙皇開口批評了專家的領域。

## 研究和學問不應與國家利益掛勾

現在這個時代，原本只有專家能判斷的事情，卻變成由政治人物來插嘴。為了防止疫情蔓延應該擬定什麼對策，原本應該交由專家來判斷。即便如此，就連福島發生核汙染事故的時候也一樣，有好幾次都是政治人物而非專家判斷目前已經安全。就算專家提出建言，政治人物也只採用對自己有利的提案，反對政府想法的建議則被忽略。當然，專家說的話不一定正確。即便沒有專業知識，只要用邏輯思考，就會知道這件事情有錯，因此，不需要因為專家這樣說，就毫無批判地接受。不過，忽視專家的見解，就像自己生病的時候不打算遵照醫師的治療建議，到時候只能自己承擔結果，但是政治人物忽視專家的意見，自作主張地一意孤行，國民的生命都會遭到威脅。

無論古今，都曾發生過政治試圖侵害學術自由的例子。即使是現在，學術的自由也飽受威脅。反對國家政策的學者，甚至會遭到驅逐。

國家應該提供充足的研究經費，但是不能只是做該國需要的研究，而是要做全人類需要的研究。

研究經常被誤以為是必須為了國家利益而做的事情，如果接受國家的支援會妨礙研究的自由，那就不應該拿政府的補助。

三浦紫苑的小說《啟航吧！編舟計畫》中描寫國語辭典《大渡海》的編纂過程。在過程中提到，不同於為了凝聚國家向心力、統一並掌握民族認同，賭上國家威信編纂的《牛津英語大辭典》、《康熙字典》，日本完全沒有由公家機關主導編纂的國語辭典。

《言海》是由大槻文彥耗費一生編纂並自費出版的辭典。時至今日，日本的國語辭典仍由出版社編纂。小說中負責編纂字典的松本老師這樣說：「即便資金匱乏，非國家體制的出版社或個人仍願意編纂辭典，讓我覺得很驕傲。」

「話語和催生話語的心靈，是與威權或權力毫無瓜葛、全然自由的東西。而且，必須如此才行。」

希臘哲學泰斗田中美知太郎，一九四三年在岩波書店昏暗的走廊看著刊載於《思想》內的論文〈理念〉的清樣稿，並覺得很猶豫。

田中美知太郎在這篇論文中提到「世界上的一切事物都不應該用理念的角度看待，必須區分現實與理念」。但是，在討論這個問題的時候，使用了批判性的詞彙。他不斷重新閱讀、修改這段文字，甚至考慮是否刪除，但最後決定即便會因為這段文字被問罪也要寫出來。田中美知太郎提起這段回憶的時候說：

「現在回想起來，這種艱澀的論文根本就不可能會直接被審查，但是當時處於緊繃的精神氛圍之中，的確很有可能被別人告發。」（《時代與我》）

我曾在幾本著作中引用田中美知太郎的這篇論文，如果審查員真的從論文中讀到田中美知太郎有什麼不敬的意圖，就表示這個人根本不懂希臘哲學。

然而，兩年前田中美知太郎撰寫的《薩第斯的淪陷》中提到「日美戰爭當初的赫赫戰果，現在看來變得很諷刺」（田中美知太郎，同前書），導致在出版社自行審查後決定中止刊載。當時就是那樣的時代。

其實光看首相拒絕任命日本學術會議推薦的六名成員就知道，如果用「有些事情無法解釋」就能為所欲為的話，當論文或著作在審查階段被認定有問題的時候，即便審查者無法清楚說明原因，也可以凍結出版。當事情演變成這樣的時候，沒有人知道該怎麼辦，所以只能在走到這個地步之前做好準備。

雖然政府干涉學界、壓制言論自由很恐怖，但是像田中美知太郎那樣因不知道什麼時候會被別人告發而感到不安，更加恐怖。現在這個時代也有一樣的情形。沒有一個明確的基準告訴大家什麼樣的學問是白費力氣的（當然，不該有那種東西），因而使得大家疑神疑鬼。

## ♜這個世界上有專業的政治家嗎？

另一方面，政治應該也有外行人無法理解的專業領域。柏拉圖認為政治也是一項技術，就像其他技術需要專業知識一樣，要成為政治家也需要具備專業的知識。然而，在柏拉圖那個時代，政治家已經變成任何人都能當，也就是不需要什麼專門知識的職業了。

現在，議員世襲的問題遭人詬病，議員的身分世襲，但政治家應該具備的專業知識卻沒有「世襲」。猶太教祭司採世襲制。以祭司的例子來說，比起知識更看重宗教上的資質，但是這種資質無法世襲。有些評論家認為世襲議員也不全都是壞事，但理由卻很可笑。因為世襲議員有代代相傳的地盤，即便沒有每個週末都回到選區，也不怕落選。因此，這些議員才能在東京從事政治活動。然而，政治家的必備條件不是地緣、血緣或金錢。

羅馬皇帝馬可．奧理略被譽為有才能的賢帝，但他生涯中唯一犯下的錯就是把皇位傳給皇子。我想奧理略應該在成為一名父親的時候應該想過，既然自己有孩子，為什麼要把皇位傳給別人？但是，如果他有為國家著想的話，就不會把皇位傳給自己的孩子了。但要是孩子有能力統治國家，世襲也無所謂嗎？這是一個很難回答的問題。

柏拉圖在《理想國》中透過蘇格拉底談論哲人政治論。他認為如果政治家不學哲學，或者由不是哲學家的人操持國政，國家就無法停止不幸。柏拉圖的想法是，民主主義會墮落成眾愚政治，從極端的自由演變成最野蠻的從屬狀態，實際上他也親眼見證這樣的情形，所以才會提出哲人政治論。

比起由專家獨占政治，強調任何人都能自由討論政治是民主主義的優點，但我們必須了解，柏拉圖擔心的事情很可能會不斷發生。現在這個時代的問題不在於任何人都能像專家一樣談論政治，而是在於應該具有專業知識的政治家卻根本毫無專業可言。知道自己雖然是政治人物，但還沒有充足的政治知識，比自以為了解政治要安全多了。然而，政治人物對政治一無所知仍然是個大問題。

不僅如此，有很多人認為，即便不懂政治也能成為政治家。剛上任的官員完全沒有該職務必要的知識。而且，對自己的無知一點也不感到羞愧，認為政治不需要懂任何知識。我們也不應該把國政交給只會朗讀演講稿的無能政客。

儘管我認為任何人都能立志成為政治家，但若沒有政治相關知識就不該成為政治人物。或許實務上可以把工作交給幕僚，但是看過政治人物在國會上的答辯之後，只會覺得不像話。光看這點就知道，實際上根本就不能放心地把國家交給政治人物。

專家、政治家也會犯錯。不是專家就不能發言這件事根本不合邏輯。傳染病有很多內容需要專業知識才能理解。即便如此，還是要邏輯性思考專家的發言與政治家提出的對策，藉此判斷是非後再發言。

之前我提過家長式主義的問題。針對患者的疾病，絕對不能「由醫師單方面決定治療方針，不讓患者自己插嘴」。既然是自己的身體，就要盡可能調查清楚自己的病，只要醫師的說明有什麼無法理解或無法接受的地方就一定要問清楚。

不需政治人物多說，我們也知道只有自己能保護自己。如同前文提到的，政治人物不應該主張人民自助或互助，但我們也不能把一切都交給政治人物，然後因此變得不幸。

## ♜不要被捲入政治的支配鬥爭劇之中

關於政治人物，還有一點很有問題。

「支配者越不追求權力的國家越好，如此一來就能在內部抗爭最少的狀態下治國。」（柏拉圖《理想國》）

現在根本就沒有不積極追求支配權的政治家。如同之前提到的，柏拉圖認為如果政治家不學哲學，或者由不是哲學家的人操持國政，國家就會無止境地不幸。然而，在柏拉圖的理想國中，哲學家懂得關照真理，了解哲學上的真正幸福，所以對哲學家而言，成為政治家只是「不得已而為之」。

「不過，自身欠缺善意的無德之人，若帶著必須從別人身上奪取善意的想法處理公共事務，那就不可能有良好的國政。因為在這種狀態下，支配的地位會變

成鬥爭的標靶，像這樣的內部鬥爭不只會讓自己的國家覆滅，也會影響到其他國家。」（同前書）

柏拉圖說，雖然很遺憾，但這就是「現在很多國家都發生」的實際狀況。藤澤令夫這樣說：

「沒錯，這也是二千多年之後我們『現在』的實際狀況。」（藤澤令夫《柏拉圖的哲學》）

在疫情擴大的時候，還有政治人物貪圖利益；趁國民害怕感染範圍擴大，聽從政府的指示進行「自我約束」的時候，通過不需要在這段期間決議的法案。我們絕對不能把國家的掌舵權交給像這樣只關心自身利益的「無德」政客。

## ♜ 沉默就代表認同

有時候即便認為社會上發生的事情很奇怪，也沒辦法發聲。我一直在想：這種時候該怎麼辦？

核電廠發生事故後沒多久，有人說東京電力的人已經很努力在搶救，我們應該感謝而不是批評，而且必須相信政府才對。也有人認為，現在這種時候更不應該受流言蜚語所惑，要相信政府才行。

時代更迭，新冠肺炎疫情擴大的時候也有人說過一樣的話。主張這個時候不該批判政府，國民應該要團結對抗病毒。

這種由國家高層要求國民團結一致，刻意打造出來的牽絆都是虛假的。

即便個人與個人之間有牽絆，必要的時候還是要指出對方的錯誤，清楚地說出自己的想法才對。因為怕說出來會傷害對方，所以隱瞞想說的話，或許可以維持表面的關係，但是這種牽絆根本稱不上是真正的牽絆。

如果有人營私舞弊，絕對不能放過。如果發生什麼不合理的事情，絕對不能默默接受。因為沉默就代表認同。

在職場上也一樣，用三木清的話來說，人一旦被社會化的情感支配，就很難告發營私舞弊的行為。

即便上司的所作所為毫無道理可言，而且除了自己之外還有很多下屬都有一樣的想法，只要整體氛圍忌憚告發上司，那麼自己就會什麼都不敢言。之前已經提過，氣氛是人為產生的東西。

儘管要求政治人物或上司改善，只要對方一直不回應，人們就會覺得不管自己做什麼都沒用，接著因此感到失望，甚至絕望。這就是政治人物想要的效果。

對政治人物來說，國民什麼都不說，唯唯諾諾地聽從命令最好。然而，什麼都不說就等於肯定現狀。

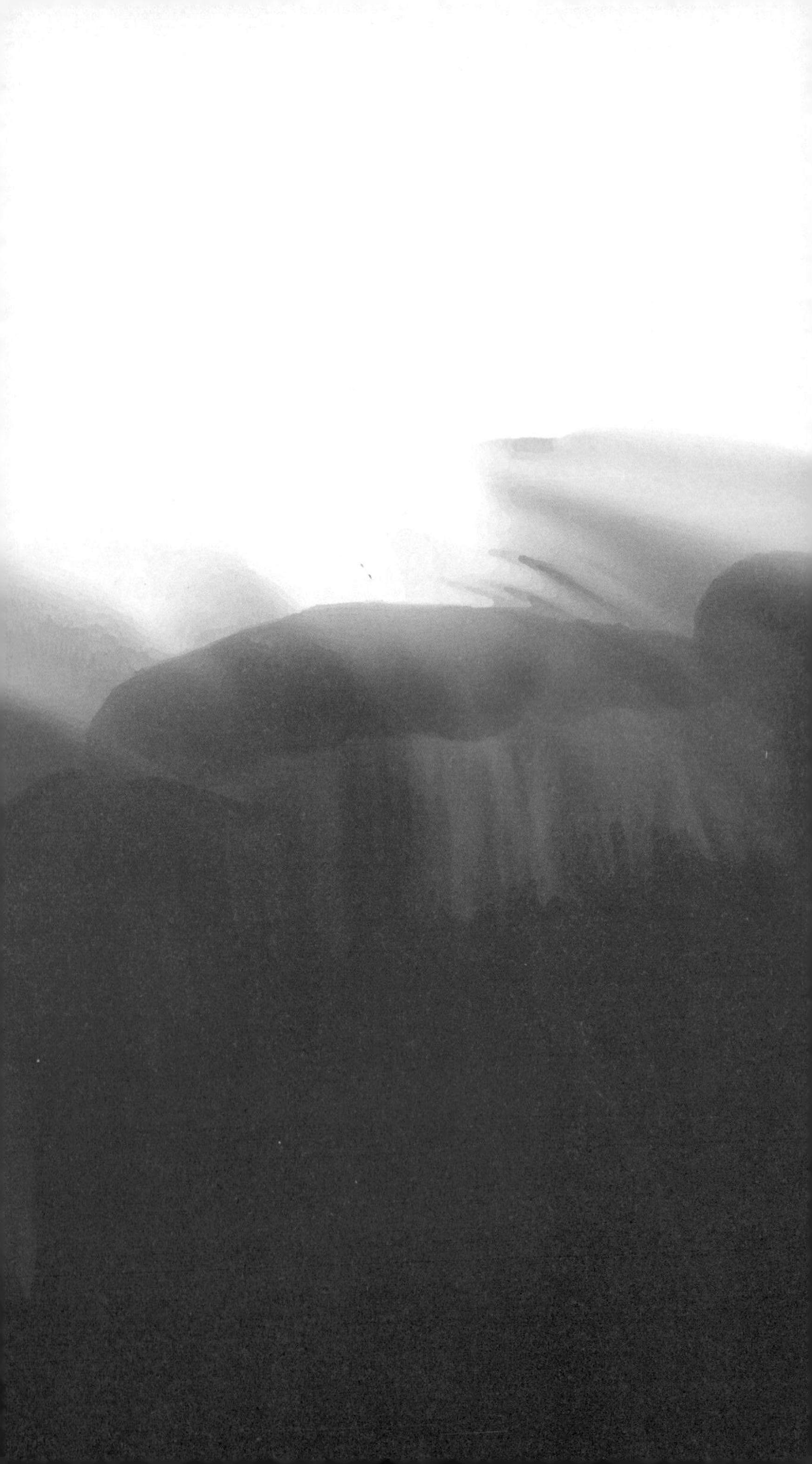

# 第四章

# 莫忘憤怒

受一切。

## ♜憤怒不須壓抑

讀到這裡，相信大家應該已經能明白了吧？我們絕對不能毫無作為默默地接受一切。

認為自己不能默不作聲、必須做點什麼的時候，內心產生的情感就是「憤怒」。

然而，這裡說的不是指個人恩怨的「私憤」。我長年以來一直用書寫和談話的方式告訴大家不要憤怒，有很多人認為這代表「無論發生什麼都不能生氣，坦然接受一切很重要」。

發生問題的時候，有些情形我們不能一句「沒辦法」就輕鬆帶過。

來諮商的人對自己身上發生的事感到憤怒時，諮商師會建議對方不要為這種事生氣。這些建議的目的是為了透過諮商撲滅問題的火苗。

譬如，當學生對老師的處理方式感到憤怒，諮商師就會說服學生不應該因為這樣生氣。

校方不希望事情鬧大，所以諮商師用這種方式進行諮商，對校方來說當然是好事一樁。當然，諮商師並非和校方同一陣線，不過針對學生的憤怒情緒，諮商師會把焦點放在學生心理方面的問題，而不是校方的處理方式，所以不會完全站在學生這一邊，也不會採取和學校對立的態度。

如果諮商師知道自己的角色就是要撲滅問題的火苗，那即便和校方沒有任何利害關係，也會自動變成校方的滅火器。

然而，壓抑憤怒的情緒並非諮商的目的。諮商師告訴來諮商的患者，無論發生什麼事，即便再不合理也要壓抑憤怒，而患者也接受這樣的說法，有些人的確可以透過這種方式得到救贖。

然而，對上司或老師的處理方式感到不滿，因此出現心理問題的人，需要檢討的是上司或老師的處理方式是否妥善，針對原因進行改善，而非壓抑憤怒。

## ♜不解決問題的根源就會不斷重蹈覆轍

我們該做的事情是徹底清理上游，因為下游無論清理得再怎麼乾淨，只要上游仍然髒亂，下游就永遠清理不完。也就是說，內心感受到不滿或憤怒的人，無論再怎麼壓抑，只要上游的問題沒有解決，就會持續感到憤怒。

英文的「casino」是「賭場」的意思；果真是指「賭博的地方」。鼓勵賭博又想治好賭博成癮症是非常矛盾的事。只要上游仍然髒亂，也就是賭場一直存在，下游怎麼打掃也不會變乾淨。

有些問題是沒辦法解決的。譬如再怎麼感嘆死亡本身不合理，死亡這件事也不會消失。即便如此，就像之前提過的，除了死亡本身以外，與死亡有關的人為問題仍然是可以解決的。發生醫療疏失的時候，即便自己和家屬對已經發生的事情束手無策，也可以做一些事情來防止以後發生相同問題。

諮商的功能是要讓前來諮商的人了解，自己感受到的憤怒是正當的，而非壓抑憤怒。然而，為了解決眼下的問題，諮商師必須釐清患者感受到的憤怒是否和要解決的問題相關。

## 憤怒的區別

如果發生不合理的事情，當然不能默默承受。然而，當我們感覺到不應該默默承受、必須做點什麼的時候，從私憤的角度無法解決問題。

認為自己必須做點什麼的時候會產生的情感，還有解決問題時必要的情感從來就不是「私憤」，而是「公憤」。個人衝動而情緒化的憤怒毫無助益，但是懷抱社會正義、認為錯的事情就要說出來的人，心中的情感屬於「公憤」。

私憤在人際關係上是完全不必要的情緒。我們先來思考一下，「私憤」是什麼？而我們又該怎麼處理這種情緒？

我小學的時候，曾經坐在教室裡，卻突然被同學毆打。我已經不記得，當時到底發生什麼事。說不定我沒有真的被打，但是我記得自己覺得很生氣，抬起手臂就想打回去。然而，我的手最終並沒有碰到對方的臉。這是我第一次也是最後一次想對別人暴力相向。雖然最後沒有真的打起來，但是我覺得自己好丟臉。

對方沒有任何理由就對我拳腳相向，當時沒有想到適合的詞彙表達，不過現在覺得那個舉動應該傷害到我的自尊了。我至今仍然覺得，不應該默默承受這種行為。不過，我們應該要思考：「被打就打回去」這個方法真的恰當嗎？當作什麼事都沒發生，認為不需要為此感到憤怒，其實無法徹底解決問題。即便諮商的時候提出這樣的建議，但總是退縮、認為「只要我忍下來就好」的人，碰到別的問題時也只能忍耐。

## 靠憤怒就算獲勝也無法解決問題

憤怒這種情感是為了某個目的被創造出來的。或者說，並非憤怒使人行動，而是人為了達到某種目的而利用憤怒這種情感。應該會有人說自己是「一不小心就發火了」，這種人不會覺得是自己創造出憤怒的情緒。有些人會認為罵人和生氣是兩回事，但那只是他覺得自己沒有情緒化，實際上已經生氣了。不想承認自己情緒化的人，在怒火爆發的時候，會想呈現自己其實是好人，原本一直壓抑著情感，只是最後「不小心發火」而已。

會大聲怒罵的人，是為了讓周遭的人按照自己的想法行動而發火。問題在於發怒雖然可以即時解決問題，但其實沒什麼效果。被罵的人可能會因為害怕而暫時停止之前做過的事，但是之後還是會重新開始。如果憤怒是能夠有效解決問題的方法，那被罵過一次的人就不會再做一樣的事才對。

然而，相同的問題還是反覆發生。實際上，如果不是年幼的孩子，應該會知道自己為什麼被罵才對。然而，大家只會注意到被罵這個形式，即便乍看之下暫時解決問題，之後還是會再發生相同的事。

只要一心認為自己是對的，就算沒有變得情緒化，也會發生和對方爭奪權力的情況。雙方一旦開始爭奪權力，就更難解決問題了。

當雙方開始爭奪權力，解決問題就變得一點也不重要，重要的是讓對方認同自己是對的。阿德勒這樣說：

「沒有敵人就不會生氣，這種情感的目的只是為了獲勝。在我們的文化中，透過這種大動作說服所有人，這是多數人偏愛且可行的方法。如果這種方式無法讓自己獲勝，那怒火爆發的頻率應該會少很多。」（《人格心理學》）

取勝於說服對方和解決問題是兩回事。憤怒只是為了贏過對方而使用的手段，即便是現在這個時代也一樣偏愛這種方法。然而，憤怒「或許」會讓人獲勝，但是仍然無法解決問題。

目的是解決問題，話說「要解決問題必須做什麼」，那就是憤怒的情感是不需要的。以解決問題為目標的人，一旦知道自己錯在哪裡就會坦率承認，而且這樣的人不會因為承認自己有錯，就覺得是自己輸了。

出現憤怒情感的時候，人際關係會呈現縱向結構。憤怒的情感是為了明確區分自己在上、對方在下而使用的手段，即便對方是正確的，只要認同對方就是自己輸了。

除此之外，雖然利用憤怒的情感，乍看之下會讓周圍的人順從，但並不代表認同，所以周遭的人隨時都會伺機反動。

## ♜ 憤怒是拉遠人與人之間距離的自卑感

憤怒存在著兩個問題。首先，憤怒其實就是自卑感。

「憤怒就是放棄堅持己見的可能，或者更確切地說就是不相信有其他可能性，甚至是認為不相信的人才能獲得的強化行為。」（同前書）

這樣的人不知道除了憤怒之外還有其他方法。訴諸文字來說，就是沒辦法像憤怒那樣立刻見效。認為自己沒有能力花時間以邏輯的方式說明，這就是一種自卑感。而憤怒就是為了掩飾自卑感。

不過，和阿德勒的說法不同的是，世界上除了憤怒之外沒有其他方法能夠堅持己見。即使不用憤怒這種手段，堅持己見這件事本身就是不對的。

其次，憤怒是一種「拉遠人與人之間距離的情感」。（同前書）憤怒會讓人與人之間產生心理上的距離。為什麼發怒雖然可以即時解決問題，但沒什麼效果呢？因為被罵的人無法親近怒罵自己的人。

父母犯的錯就是在孩子需要父母幫助的時候，用怒罵來拉遠親子之間的距離，再試圖幫助孩子。然而，當親子之間出現心理上的距離，無論父母說的話多有道理，孩子都聽不進去。因為孩子會認為，這時候聽父母話就等於輸了。

如果孩子的成績不見起色，那也只能讓孩子自己解決，父母沒有什麼好插手的。然而，即便是孩子必須自己解決的事情，有時也會需要父母的幫助。不過，當親子之間產生心理上的距離，就算父母想出手幫忙，孩子也會拒絕。不分青紅皂白地怒斥「這種成績怎麼能看」，孩子就會漸漸不再聽父母的話了。

而且，不只孩子的問題，當親子之間發生問題的時候，更需要雙方對話共同解決，但是彼此之間如果無法建立合作關係，怒罵孩子也只會讓親子之間的距離越來越遠，想要解決問題就更困難了。因為孩子會覺得自己單方面受到父母責備。儘管心中沒有憤怒的情感，只要認為自己是對的，就無法拉近與對方之間的距離。以讀書為例，父母一心認為孩子就應該要讀書。不管是用罵的還是冷靜用談的，只要父母認為孩子就應該自動自發學習，孩子都會反抗。

## 公憤就是智慧型憤怒

我們必須懷抱社會正義，看到錯的事情就要說出來。這種時候需要的情感是智慧型的「公憤」，而非「私憤」。

這是當人們感受到人類尊嚴、人格獨立性和價值受到威脅的時候會感受到的憤怒。譬如權力騷擾、性騷擾、侵犯人權就屬於公憤的範疇。本應是法治國家，但遇到政治人物試圖把國家的方向轉向人治的時候，人民就應該要感到憤怒。

三木清把這種公憤稱為「源自於榮譽心的憤怒」（《人生論筆記》），與其說它是情感發洩，不如說是智慧展現。公憤不只是為了守護自己的名譽、利益。這種憤怒的根基在於正義感。不只為了自己的名譽，也是為了身處於相同立場的所有人感到憤怒。

「正義感之所以都出現在外在，是因為公共領域有所需要。正義感就是公憤。」（〈關於正義感〉《三木清全集》第十五卷）

即便覺得有錯（有這種想法就是一種公憤），只要沒有表達出來就沒有意義。然而，如同前面一直提到的，要表達出來並不容易。接著我們就來思考該怎麼辦。

## ♜智慧型憤怒要擴散出去

三木清針對「流行」這個詞曾經這樣解釋：「相較於習慣這種自然發展的結果，流行應該屬於智慧型的產物。」（《人生論筆記》）

三木清所謂的流行，指的是學習新事物。

譬如說，對職權騷擾提出抗議，可以算是「智慧型憤怒」。

以前在職場上，上司辱罵下屬是理所當然的事。上司沒有指出下屬做錯之處，也無加以指導，而是單方面地怒罵，甚至要求下屬下跪道歉。

現在如果這種事被發現，社會大眾就會指責是職權騷擾。但時至今日，也有人認為就算被批評職權騷擾，也應該用大聲斥責的方式指導下屬。有些人認為自己以前年輕的時候也被上司怒罵過，而自己就是因為被罵才得以成長。某個相撲力士在升上大關的時候，說：「我之所以有今天，都是承蒙師傅用竹刀敦促我。」

然而，那位師父並不知道，其他同期的力士因這樣的指導方式而失去勇氣，所以早早就引退了。原本就有能力的人，就算被竹刀打幾下、被師父說幾句難聽的話，還是會進步。但如果是原來就沒能力的人，應該早就沒辦法繼續走相撲這條路了吧。反之，如果能接受適當的指導，應該能更快發揮能力才對。

某運動教練在指導選手時，都用足以稱得上職權騷擾的難聽說詞對待，還堅稱「就算被選手討厭，該說的話還是要說」。為什麼選手受到這種對待還不抗議？那是因為只要按照教練的指示練習，就會有好成績。因此，選手也只能心甘情願接受教練的職權騷擾。

然而，並不是只要能教出好成績，教練就可以為所欲為。碰到這種傷害人類尊嚴的行為，本來就應該要嚴正抗議。

我們的傳統習慣中，沒有「職權騷擾很不應該」的觀念。然而，當職權騷擾這個詞開始流行，認為「不應該」這麼做的觀念也開始普及。如此一來，便打破了上司怒斥下屬的習慣。

在職場之外的交際，也會因為流行而改變固有習慣。調職或轉調外地的問題也開始受到重視。明明孩子剛出生或新家剛建好，卻被公司調職外地，這根本不合理。

如三木清所說，智慧型的流行並非自然發生，而是有人提出異議才開始廣為流傳。

## ♜ 不要害怕孤獨

害怕孤獨的人，沒有勇氣違抗多數人的想法而去做一些不符合他人期待的事。如果其他人都順從上司，只有自己採取不同行動的話，就會怕自己被孤立。大家都很期待的活動，只有自己不參加的話，就會怕上司對自己印象不佳，或是怕被同事排擠。雖然今天想要趕快把工作做完下班回家，但是其他人都還在工作，自己實在很難開口說要先走。

上司對下屬提出不合理的要求，或是發現上司有營私舞弊的舉動時，若要求上司改善，自己的職場生活則可能會變糟，甚至被孤立，所以只好默不作聲。

因為害怕這種孤獨，擔心自己發聲可能會破壞職場的和氣，最後就會選擇沉默。然而，我們其實根本不知道提出意見之後到底會怎麼樣。

## ♜切斷虛偽的牽絆

無論是哪個團體，只要大家毫無疑問地想法一致，或許就能產生團結一體的感覺。孩子不反抗父母，按照父母理想的樣子生活，親子之間就不會有摩擦，形成穩定的親子關係。

然而，表面和平的團體，只是擁有虛假的牽絆而已。有時候這種牽絆可能是人為打造出來的。只要煽動對其他國家或是病毒的仇恨，就能在國民之間打造出一體感。有些政治人物會在發生地震等災害之後，振臂疾呼國民應該要團結一致度過國難。就連體育賽事也被拿來利用。不知道這麼做違反奧運憲章的政客們，為了發揚國威而利用奧運。

三木清在《從未提及的哲學》中引用了耶穌的話。

「不要以為我來是帶給地上和平，我來並不是帶來和平，而是刀劍。因為我來是叫人不和：兒子反他的父親，女兒反她的母親，兒媳反她的婆婆。」

這段話摘自《馬太福音》。耶穌不是要帶來「和平」，而是帶來「刀劍」，還要疏遠父母兒女、婆媳之間的關係，主耶穌怎麼會說出這麼激進的話呢？

孩子毫不懷疑地順從父母，表面上看起來是完全沒有問題的一家人。然而，如果孩子在意父母的想法，父母在意孩子的想法，說不出該說的話，那麼即使乍看之下建立起良好的關係，也算不上擁有真正的牽絆。

反之，如果不揣測父母的想法、坦率地說出自己的意見，親子關係或許會產生摩擦。這就是耶穌所說的「刀劍」，也是讓兒女「反」父母的真意。

即使表面感情和睦，想要建立真正的羈絆，還是要經歷這樣的過程。

不只是親子關係，在團體之中，只要有一個人提出相反的意見，這個人帶來的刀劍就會讓團體失去團結一體的感覺。然而，因為害怕孤獨而選擇沉默，職場與社會上的惡就會開始蔓延。

因為這種時候，人會被經過社會化的情感所影響。然而，我們不能被當下的氛圍左右。

「孤獨不是一種情感，而是一種智慧。」（《人生論筆記》）

如同前文所述，智慧不會像情感一樣受煽動。因為智慧屬於個人的人格。即便只有自己的想法和他人不同，也不應該被經過社會化的情感動搖，而是要堅守自己的人格、智慧和內在的獨立性，然後忍受這樣的孤獨。

「所有人類的惡，都源自於無法孤獨。」（同前書）

關於真正的憤怒，三木清這樣說：

「了解何謂真正孤獨之人，才了解什麼是真正的憤怒。」（同前書）

害怕孤獨的人，即便知道職場內有營私舞弊的情形也不會說出來，因為害怕自己在職場上會被孤立。

揭露上司的營私舞弊，可能會被批評是破壞職場的和諧。告發營私舞弊，也可能無法獲得別人的支持。因為害怕孤獨而什麼都不做，變得一心只想自保，對營私舞弊睜一隻眼閉一隻眼。成為營私舞弊的幫兇，或許自己不會陷入孤獨，但真正的憤怒必然使人孤獨。

如前提及的，這種層面上的孤獨並不是想受人矚目卻得不到青睞的孤獨，也不是一個人獨處時感到的孤獨。這種孤獨令人感傷，用三木清的話來說，並不是「具有美感又吸引人」、「有獨特況味」的孤獨。如同三木清說的「問題在於達到比孤獨更高境界的倫理意義。」（同前書）

## ♜孤獨的勇氣產生與他人的牽絆

真正的憤怒與其說是情感，不如說是智慧。即便沒有人支持而陷入孤獨的境地，只要了解這樣的孤獨具有「倫理上的意義」，擁有這種智慧的人就不會害怕孤獨。

在職場和家庭一樣，為了建立真正的牽絆，什麼都不說或許能維持表面的和諧，但是這種牽絆禁不起一點考驗。

為了自保而對營私舞弊睜一隻眼閉一隻眼並希望自己最後能升遷的人只會關心自己。這樣的人終究會失去大家的信賴。職場中或許有人支持為了自保而對營私舞弊視若無睹，但絕對不是所有人都這樣。

在這樣的狀況下，人真的會陷入孤獨嗎？

懂得優先考量團體狀況，即便知道可能對自己不利，仍然認為該做的事還是要做的人，一定會有人支持。因為這些人知道自己做不到，或者說，正因為自己做不到才更加支持他人。

要相信有這樣的人存在，其實是不容易的。人與人之間產生牽絆就是所謂的「夥伴」（Mitmenschen），但這種牽絆並非一開始就能產生。

告發上司或職場上的營私舞弊豈止是得不到他人的支持，甚至還有可能遭到他人去跟上司打小報告。我之前提過，田中美知太郎不只擔心出版審查，也害怕被別人告發。

像這樣疑神疑鬼的人會把別人都當成「敵人」，不信任任何人。心中有這種想法的人無法具有孤獨的勇氣。

即便如此，經歷過這個階段之後，當內心開始認為或許會有人支持自己的時候，就會開始與他人產生牽絆。

## 相信夥伴

三木清說過：

「奧古斯丁說，植物渴望被人類欣賞，對植物而言被欣賞就是獲救，不過這要表達的是拯救萬物，藉由拯救萬物來拯救自己。」（同前書）

看見路邊的花朵默默盛開，就會想到如果自己沒有在這裡停下腳步注意到這朵花，這朵花或許就會在沒有任何人看到的狀態下凋謝。

這裡三木清說的是植物，但我讀起來卻像是在比喻那些不發聲或無法發聲的人們。如果把三木清這段話看作是在談論「不發聲或無法發聲的人們」，就讓我想到以前曾經被嚴重傷害自尊而導致無法活在當下、無法發聲的人。三木清自己因為違反治安維護法遭到逮捕，戰後死於獄中。如果三木清能活久一點，一定有很多話想說。

他會代替那些必須發聲卻無法發聲的人打抱不平。這麼做也是在拯救自己。對於社會上的不公不義、職場上的營私舞弊，他會發聲；代替那些自己無法發聲的人說出來。這麼做雖然一時會為團體帶來「刀劍」，但也會打造出真正的牽絆。

在剛才引用的文章之前，三木這樣說：

「萬物真正表現出來的東西都在孤獨之中。而我們唯一能夠超越孤獨的方式，就是透過行動回應孤獨。」（同前書）

只要做好接下來將會孤獨的準備，就能夠發聲。即便自己不是當事人，也不要認為眼前正在發生的事情和自己無關，如此一來就能為無法發聲的人打抱不平。

如果自己就是那個「無法發聲的人」，即便自己沒辦法說出口，也要信賴願意為自己發聲的人。如果自己願意為無法發聲的人打抱不平，那麼就會相信其他人也會發聲。

當你不害怕孤獨，反而就不會孤獨。真正憤怒的人，即便剛開始會覺得被孤立，但孤立無援的狀態不會持續下去。也就是，一定會有支援的人、有連帶關係的夥伴。

如果是真正理解孤獨有多重要的志同道合之人，彼此一定能產生連帶關係。如此就能建立毫不虛假的真正牽絆。三木把這稱之為「愛」。

「孤獨建立在最深層的愛之上。孤獨的客觀實在性就在於此。」（同前書）

## ♜ 不分你我

能夠對他人產生同理心，也就是說，能站在對方的立場思考，就不會擅自指責他人。假設有無辜之人慘遭殺害，大多數人會認為自己絕對不可能做這種事，然後一窩蜂地批判犯下殺人罪行的嫌犯。

當然，我們無論多憎恨一個人，也不會因為這樣就去殺人。然而，當我們站在殺人犯的立場思考，如果自己也處於相同的狀況會怎麼做，或許就無法斷言自己絕對不會殺人了。

佛教會用「分別」這個詞來形容這種狀況，而我們不應該分別自己與他人。我曾經聽一位父親說過，在雙親寵愛之下長大的孩子突然變壞時，他覺得「這不是我的小孩」。明明是為人父母卻無法接受自己的孩子，真是悲哀。這位父親把自己和孩子分別開來。

所有的紛爭，都源自於分別自己與他人。照樣接受對方的心（大悲心），就是佛教中所謂的「淨土」。當然，要在這個世界實現淨土是很困難的。

如同剛才提到的，人與人（Menschen）之間是牽絆在一起的（mit），並非對立的狀態。也就是說，人與人是「夥伴（Mitmenschen）」。

這個「夥伴」不只是和自己想法相同、感情親密的人。和自己擁有相同想法的人產生牽絆很容易。但是，和自己想法不同的人或殺人犯也都不排除在外，而將其視為夥伴，就非易事。

阿德勒說，想成為善惡審判官的人必定有虛榮心。（《人格心理學》）這種人毫不關心職場或社會上的正義，因為這種人想透過「自己是對的」來營造自己比他人優秀的感覺。

然而，我們必須思考，如果自己也身處於相同的情況，最後到底會不會告發營私舞弊的情形。指責那些對上司唯命是從的人很簡單，但是當自己也處於相同情況的時候，真的有辦法違背上司的命令嗎？如果是我，大概也會束手無策吧。想到這裡，就不會以審判官的角度來分別他人。

要做到這個程度並不容易，但是團體之中有這樣的人，那就算是「淨土」了。這種人與人之間的牽絆，才是真正的牽絆。

## 憤怒把人凝聚在一起

個人的憤怒，會拉遠人與人之間的距離。然而，公憤反而會把人們凝聚在一起。如同前文所述，憤怒與其說是情感，不如說是智慧。靠著這智慧，才能判斷該怎麼做才是「為善」、該怎麼做才是「為惡」。

如果是公憤的話，即便像私憤那樣把憤怒投射到別人身上也沒有用。因為這不屬於情感，所以沒辦法丟到別人身上。

因為別人做錯事，就把憤怒丟到別人身上，這就是在「分別」他人。認為自己絕對不會做這樣的事，把自己放在犯罪的人之上。這種分別心就是所有紛爭的成因。紛爭的目的在於辨明孰是孰非，但是我們需要的不是紛爭，而是解決問題。

當我們看到不公不義的事時，不應該把憤怒丟到別人身上，而是需要理性的對話。

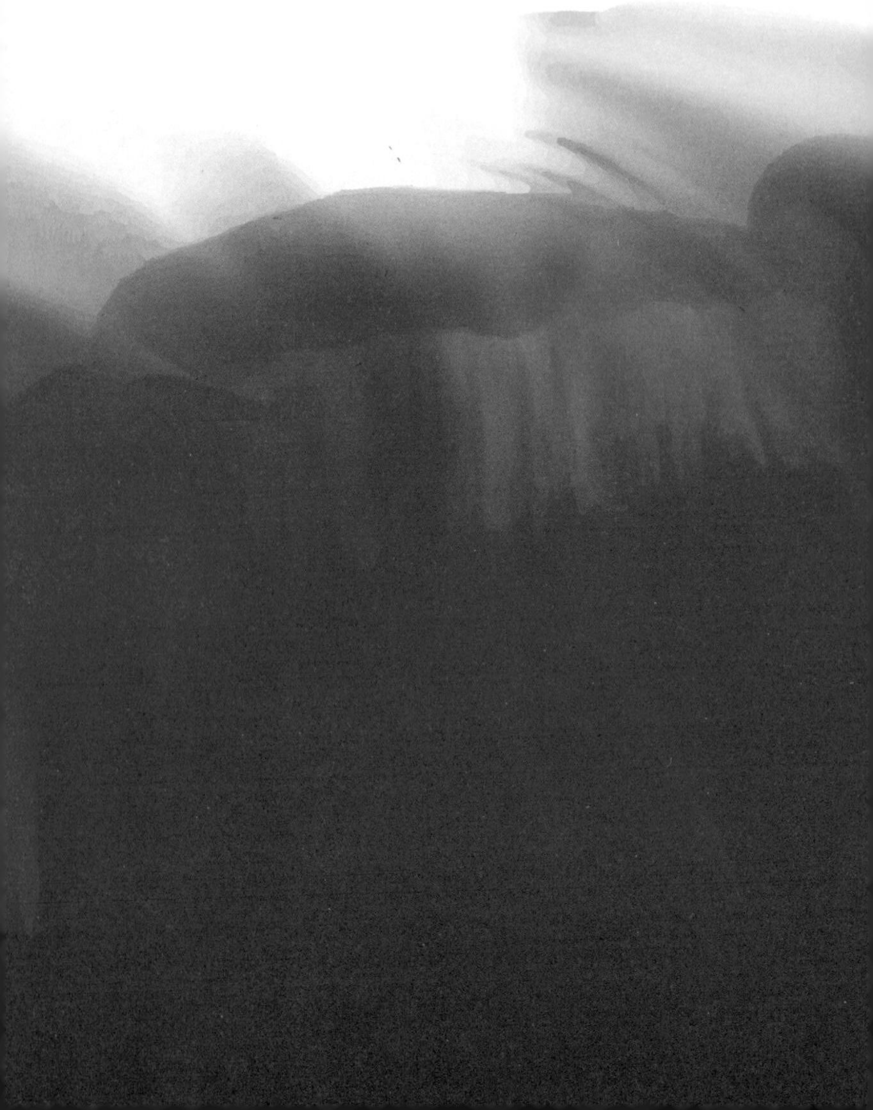

# 第五章

# 對話可以改變世界

## ♜ 何謂對話

最後在此我們要再次思考什麼是對話。前面已經看過當發生營私舞弊、傷害人類尊嚴的情形時，不能什麼都不說，必須以「公憤」的立場發出不平之鳴。這種憤怒並非情感上的憤怒，而是用話語去表達主張。而且，用話語去表達主張不能只是單方面。我們必須有邏輯地提出主張，但也要聽取對方的主張，進而彼此「對話」。

問題是沒有人能理解這樣的「對話」具有什麼意義。我以前曾經想要以「對話的復權」為題寫一本書。不過，既然要談復權，前提必須曾有過好好進行對話的時期，編輯認為以前根本就不曾透過對話解決問題，所以這個標題就被駁回了。

然而，即便以前沒有好好對話的時代（就是因為每個時代都在戰爭），但還是有哲學家不斷主張需要對話。以前的主流作法是靠武力而非對話來壓制對方，即便是後來承認這點，也不會有任何改變。到底該怎麼做呢？縱使實踐起來很困難，但明白解決問題的理想方法就是改變現狀的第一步。

「對話」的原意是「相互言道（Dialogos）」。所謂的「道（logos）」在希臘字源中是指「話語」和「理性」的意思。思考也就是自己把自己當作對象來進行討論，而將其展現出來的樣態就是對話。無論是內在對話還是外在對話，最後有可能會得出某種結論，但也有可能沒有結論。不管如何，對話本來就具有對立的性質。

阿爾西比亞德斯（Alcibiades）曾經說過：

「蘇格拉底承認自己沒辦法長篇大論，所以把發言的機會讓給普羅達哥拉斯。然而，透過問答就能形成對話，也能交換想法。就這點來看，如果有人在對話中讓步，我應該會很驚訝。」（柏拉圖《普羅達哥拉斯》）

在《普羅達哥拉斯》一書中甚至還提到「縮短並劃分話語的嚴格方法」。對照之下，另一種方法則是針對一個問題，滔滔不絕地討論又不給答案，說了很久幾乎讓人忘記一開始到底在討論什麼。一直談一些沒人問的事情，對真正的問題避重就輕，這就是政客的手段。無論對方的話有多冗長，蘇格拉底本身都不會忘記內容；無論對方用什麼方式，他都能進行對話。

對柏拉圖而言，話語（logos）原本就具有對話（Dialogos）的性質。這種性質不僅限於和他人對話時才會表現出來，像思考這種內心的對話，自己就同時具有說者與聽者的身分。有思考的靈魂懂得自問自答，也會時而肯定、時而否定地進行對話。接著，當靈魂都有相同主張、不再分裂的時候，就能夠下判斷。（柏拉圖《泰阿泰德篇》）。話語就是像這樣開始具有對話性質，如果失去對話性質，那就不能算是話語了。

## ♜現代社會使用話語的方式很奇怪

現在的日本社會中，根本沒有稱得上是對話的話語往來。聽政治人物的發言，就知道這些人根本把事實和意見混為一談。無法區分客觀判斷和心中的願望。新冠肺炎引起騷動時，把應該主張的「我認為防堵疫情的行動並沒有太晚」說成「防堵疫情的行動完全沒有落後」；明明還不確定會不會舉辦奧運，政治人物就斬釘截鐵地說「我們會舉辦東京奧運」，而且這種話我還聽到好多次。前面我曾經提到政治人物出席記者會的時候，以「後面還有行程」為由，拒絕對方提問。只會說一些個人願望、個人意見等主觀的想法，然後結束記者會，而且根本就沒有回答到問題。與其說是答不出來，不如說是在逃避。面對這種單方面的回答，竟然沒有人指責現在的發言根本沒有回答問題。因為，從一開始就沒有對話的餘地。

柏拉圖認為思考是靈魂與自我的無聲對話。（《智者篇》）我們可以推測柏拉圖是從蘇格拉底身上，繼承了將內在對話外顯，形成登場人物之間討論的架構，也就是所謂的對話篇。

柏拉圖將這種對話的狀態稱為「辯證法」，而單純的會話和演說則是「修辭」（rhetoric，修辭學）。所謂的辯證，並非說話者單方面滔滔不絕、單純以修辭的角度發言，而是對話者彼此確認「是」、「不是」，一步一步地進行討論。

只要用這種方法對話，即便是彼此的立場互不相容，也會漸漸了解到實際上不同的地方並不多，大部分的觀點其實都一樣。在找到越來越多交集之後，有時必須推翻自己最初的立場。即便如此，只要能透過這種方法討論，人也會輕易地放棄最初的立場。（《理想國》）

現代人必須徹底理解柏拉圖所謂的對話，並且透過對話解決問題才行。

## ♜焦點轉向道

在《斐多篇》中，比較了在感官事實中與道（話語、理性）之中的探究。

「研究一件事情以失敗收場之後，我覺得要更加小心，免得像在日蝕的時候觀察太陽的人一樣。因為那些人如果沒有透過水或其他方式觀察太陽，就會傷到眼睛。研究事物就像觀察太陽一樣。也就是說，用肉眼直視或者用個別的感受去研究事物的話，精神（靈魂）很有可能就會變得盲目。因此，我認為研究事物的時候（不能直接用肉眼看）而是要透過道來觀察。」（《斐多篇》）

柏拉圖用這樣的方式明確傳達，不應該直接看待事物，而是要在話語和理性之中觀察事物。因為直接看到的不見得反映真實。用直接的感受捕捉事物，就會因為印象過於強烈而受到誤導。除此之外，為了不受一時的情感影響，也應該透過話語冷靜地思考。

這個比喻有點問題，所以柏拉圖提出以下的注意事項。

「我的比喻在某個層面上來看可能不太妥當。因為我不認為在道之中探究事物真相的人，看到的東西近似於陰影。」（同前書）

很多人會認為眼前看到的就是全部；事物只要親眼一見便足矣且如所見的樣貌存在著。而所謂在道之中觀察事物反而是多此一舉；用剛才引用的話來說，就是在觀察「事物的陰影」。因此，人們認為：不去觀察陰影，而是直接觀察事物不就好了嗎？

有這種想法的人，如果被問到勇氣和美感「究竟是什麼」，不會覺得很難回答。因為他們會覺得只要提出勇氣和美感的各種例子就好。用這種方法得到的答案，也就是透過經驗得到的答案，或許偶爾在某些場合中有用。然而，這並非「智慧」。因為沒辦法（以「道」）說明為什麼在某些場合有效，也不能把這個方法傳授給別人。我長年從事諮商的工作，所以在諮商的時候，為了讓對方理解，我經常舉一些具體的例子，有時候也會聊到我自身的經驗。問題在於，這個情形能套用在「我」身上，但未必能套用在任何人身上。如果舉例說明也沒辦法釐清普遍的原理，那舉例也沒有用。譬如教育孩子的問題，即便舉出我和孩子之間行得通的方式，也不見適用於來諮商的人。

當你認為自己現在看到的「並非」全部時，或者是認為自己現在看到的雖非全部而「是」部分的時候，就不是直接觀察事物，而是在道之中觀察。「如此一來，我們必須超越僅僅自己單純直接看到的事物。而且，使其超越的就是道。」（田中美知太郎《道與理念》）

被「看到」的部分和彼此「不同」的部分都不是直接觀察到的，而是人針對看到的部分進行思考的結果。（柏拉圖《泰阿泰德篇》）

## ♜ 透過道掌握的真相

很多人在思考的時候，都會試圖想著某種表象，但也不是每個人都這樣。有人會邊畫邊思考，但是並不代表眼睛看到紙上描繪的線條或者圓形、三角形、四角形等形狀。有時候會突然想起原本已經遺忘的人，這時的確會在腦海中浮現出那個人的臉。但即使在想著這個人，在腦海中浮出對方的長相或表情也未必會和面對面見面時一樣。不僅如此，就連剛剛才離開的人，我們都無法清晰想起對方的表情。

笛卡兒不借助想像（imaginatio）的力量，而是透過智慧（intellectio）就能理解一千邊形。（*Les Méditations*）如果是三角形的話，還想得到應該長什麼樣子，但是一千邊形的話就沒辦法了吧？應該是說，腦海無法浮現任何樣貌；對於一千邊形，只能理解是擁有一千條邊的平面圖形而已。

當人碰到某些問題的時候，會去尋求律師或諮商師等第三者的協助。訴訟和諮商就是其中一個例子。在這種情形下，當事人必須向沒有直接看到事情經過的法官、律師、諮商師說明原委，而律師、諮商師必須理解自己沒有直接看到的事情。身為律師就必須說服法官，主張被告的行為具有正當性或者被告是無辜的。法官也必須針對自己沒有直接經歷的事情，判斷律師和證人的發言是否正當。不需要我多說大家也知道，如果從「自己沒有經歷過就無法確定」的角度思考，根本不可能作出判決。

前文提到思考就是自我內在的對話，沒有直接經歷仍然可以思考。思考本身並非完全沒有問題。自我內在對話的話語，和當時的狀況、事物沒有直接接觸，必然會帶來問題。以訴訟為例來想想，在審理案件時，和事件毫無關聯的人必須客觀聽取來龍去脈，然後判斷這些敘述是否屬實。這個時候也會有人利用法官沒有親眼看見的弱點，用扭曲事實的方式嘗試說服法官吧？為了不被這種話術欺瞞，我們需要辯證法（dialectic）。蘇格拉底說，這項技藝就是對於自己一無所知的事，照樣說服什麼都不知的無知之人。（柏拉圖《高爾吉亞篇》）

既然有這樣的狀況，認為必須眼見為憑才能知道真相，其實已經算是感覺主義的偏見了。（田中美知太郎，同前書）即便證人有出庭，證詞也會隨著時間的推移而改變，所以證詞不可盡信是眾所周知。對自己沒有經歷過的事情，法官必須從各種人物的口中擷取真相，而真相就來自於道。

如果必須親身經歷，那就只能由當事人來判斷。我長年從事諮商的工作，看過很多必須由第三者介入才能解決的難題。這是因為有利害關係的牽扯，就算當事人試圖彼此對話也難以冷靜思考的緣故。

假設諮商師對一位占有欲非常強且與自己毫無利害關係的女性說：「人會更愛讓自己自由的人。」這位女性或許會認同諮商師的說法。但同樣一句話若出自男友口中，就會被解讀成「試圖把對女友的冷淡正當化」。

## ♜透過假設同意的對話掌握事實

不過，當介入的第三者不夠優秀，事態也可能變得更嚴重。因此，柏拉圖才會提出沒有第三者介入，由當事人反覆一問一答來達到結論的辯證法（對話的技術）。

「在互相同意（認同）對方的說法之下進行考察，我們就能同時扮演法官與

律師的角色。」（《理想國》）

如此一來，對話就能在沒有第三者介入之下，始終由雙方針對每項論點達成共識，透過問答理性地解決問題。然而，這種情形下，雙方即便有利害關係，或者說正因為有利害關係，對話就要更加理性，必須冷靜地進行。關於對話不能加入非理性的成分這一點，我們之後會再詳談。

除此之外，對話必須在雙方有共識之下進行，最初的出發點如果不夠堅定，對話就會流於口舌之爭，也就是柏拉圖所謂的「夢中的必然性」。（同前書）即便整體呈現非常完整而且具有必然性的體系，出發點（柏拉圖所說的「實在論」）也毫無根據。以柏拉圖的說法來看，夢中可以窺見實在，但清醒的時候卻無法看見。如果出發點是自己其實也不清楚的東西，那麼即便有結論，過程也有連貫性，仍然算不上是知識。大多數的夢都荒唐無稽，即便有連貫性，一覺醒來夢境還是夢境。

而且，對話並非遊戲性質的競技問答（爭論術）。爭論術大概等同於現在所謂的辯論，但結論並非哪個答案都可以。當然，對話的進行過程中，有可能會讓人捨棄最初的想法，但是不會像辯論那樣，認為哪一種想法都無所謂。

在此想提醒大家，在出發點與過程中，對話者必須先建立假設（Hypothesis），然後不斷思考才行。而且，即便是為了讓這個假設更加確實而產生的共識，仍然必須將之視為假設，這就是蘇格拉底所謂的哲學出發點「無知之知」。因為若是不加思考，那麼假設就不再是「假」設了。

## ♜ 對話與修辭的區別

直接觀察日蝕會傷害眼睛，所以必須透過水或者其他物質的反射觀測，而真相也必須透過道來思考。若非如此，人就會被強烈的印象欺瞞。

修辭（rhetoric，修辭學）的重點不在於真實與否，而是無論什麼想法都要試圖說服對方。為了說服對方，不只會使用道，還會利用情感。

巧妙操控話語，以說服對方或者聽眾為目的的修辭，必須和對話有所區隔。

前文提到蘇格拉底被判有罪之後，在決定量刑時，並沒有讓自己的孩子上法庭，對法官動之以情。

因為只想說出真相的蘇格拉底，認為不需要做這種事或是用花言巧語說服法官。他沒有為了說服法官而使用華美詞藻修飾言詞。

然而，試圖說服對方的人，不會訴諸理性，而是會訴諸情感。因此，這樣的人就必須觀察聽眾的表情，解讀當場的氣氛。

柏拉圖早在西元前四世紀就已經談到現代政治中也顯而易見的「劇場政治」（劇場政體）。（《法律篇》）在劇場政治中，人們不會像蘇格拉底那樣承認自己什麼都不知道，而是自認為無所不知，一切都由聽眾的拍手喝采決定。柏拉圖就把這種狀態比作劇場。

然而，受到聽眾喝采的觀點不見得正確。每個時代都有煽動者（煽動政治家）。他們的演說沒有邏輯（道），只是訴諸情感，以此迷惑並支配人心。

即便不是煽動者，人們也會認為，在單一領域非常優秀的人，到了其他領域，譬如教育，也會有自己的見解，進而去支持這個人。這一點和古希臘一樣，大家都認為政治不需要專業知識，任何人都能參一腳。

在這樣的狀況下，柏拉圖認為，從其他技藝類推，政治也是一種技藝。柏拉圖之所以主張必須學習相關知識，而且具有專業知識的專家應該從政，這是因為對人們總是被訴諸情緒、不具真實性的修辭欺騙，感到擔憂。那些煽動者和吹捧以智者自居的媒體，就是利用希臘時代辯論家操弄的修辭，試圖藉此巧妙地操控、支配人心。為了不被這種修辭欺瞞，我們必須做足準備。即便出現受到大眾喝采的煽動者，我們也必須抱持絕不輕易受欺瞞的批判精神。

## ♜ 現代的修辭學

因為古代希臘沒有報紙或電視，所以只能透過在許多人聚集的場所演說，以花言巧語說服民眾。因此，修辭學蓬勃發展。

為了巧妙地用話語說服大眾並支配人群而使用的修辭學，在古希臘是支配人心非常強而有力的手段，然而現在很多政治人物根本沒辦法好好答辯。先拋出結論，再將方向強行引導至結論，而且還是用既幼稚又拙劣的方法，這根本稱不上是對話。

現在的修辭學不只是為了演說而存在。巧妙地利用話語在報紙、雜誌等印刷品、電視、社群等媒體上渲染情感。為了將輿論導向某個方向，甚至不惜散播錯誤資訊。即便之後已經澄清是假新聞，當初的報導也不會刪除。擷取片段影像或者乾脆不報導的情形司空見慣。

社會上充斥著並非真實、乍看之下頭頭是道的聳動訊息。我們必須小心避免被假新聞欺騙，即便資訊有限，或者得到扭曲的消息，也必須從中挖掘出真相。

認為自己的態度應該要「中立」的記者，不會表明自己的想法。我經常看到「這樣可能會招來批判」的說詞。為何記者自己不批判時事呢？如果有保持「中立」這個正當理由，就可以不必判斷真偽或價值，這種想法是不對的。不判斷只是記者以「中立」這個正當理由為藉口，逃避為自己的報導負責而已。

即便是不完整的報導，讀者也必須努力從中擷取資訊，但是這並不代表書寫者可以不作判斷。以保留的態度書寫，乍看之下感覺很客觀，但是唯有積極提出自己的主張，讀者才能發現其中的錯誤。

當報社或電視臺為了自己或者政府的立場，刻意不報導甚至任意竄改事實時，閱聽人不接觸多種資訊來源就很難得知報導的真偽。即便如此，我們仍然要努力求知。

## ♜對「事」不對「人」

如同前文所述，如果對話重視的是非理性元素，譬如「空間」、「氛圍」或者情感，那麼就會看起來是聚焦於「人」或「手段」，而非「事情」本身。

之前提及蘇格拉底死前和弟子們的對話，如果能夠聚焦於「事件」，那就不需要思考自己有可能讓發言者留下不好的印象或者擔心會破壞氣氛。考量誰正在發言或對誰發言，只會阻礙對話的流暢度，而且會讓人說不出想說的話。

現在這個社會之所以很難對話，就是因為大多數的場合比起談論「事件」本身，更重視說話的「人」。對話要成立，必須重視「事件」本身，而非說話的「人」。

問題僅限於談論的內容正不正確，由誰談論這件事不是重點。如果有人說錯話，即便對方是上司，也應該說出來。如果因為擔心留下不好的印象就什麼都不說，或許能夠避免人際關係上的摩擦，但是沒有指出錯誤這件事還是會引發後續的問題。擔心說出來會被上司冷落的人，只會想到自己。

問題不是誰在談論這件事，而是「事情」本身；區分人（誰）和想法（事情），只要內容正確就認同，必要時就批判，重點在於不評斷表達這件事的人。

蘇格拉底這樣說：

「如果要聽我的意見，那就不要太在意我這個人，請把焦點放在真理上。如果覺得我說的是實話，就表示同意，如果覺得我在說謊，那就在討論之後提出反對的意見。」（柏拉圖《斐多篇》）

除此之外，他還在其他地方提到：

「你們就堂堂正正地，像把身體交給醫生那樣，也把想法交給討論（道），

然後再給我答案。」（柏拉圖《高爾吉亞篇》）

對話就是把想法交給「道」。問問題「不是為了你，而是為了道」（同前書），而且也不是基於有惡意的個人情感。從這個角度考量的話，對話要重視的絕對不是「人」而是「事情」本身。

## 無法擺脫的人格

然而，實際上會有更多複雜的情況出現。在批判某個人的想法時，難免會連表達這個想法的人一起討厭。然而，為了讓對話成立，我們不能混淆人物、發言內容和想法。如果要批判的話，應該要批判想法本身，而不是批判個人。若是心裡抱著「只要是這個人的想法，無論內容如何我都反對」的心態，那從一開始就無法進行對話。

蘇格拉底說的「請把焦點放在真理上」就清楚表明這一點。另外，赫拉克利特說「不要聽我的聲音，要聽道。認同萬物為一才是最賢明的作法」（殘篇五〇）。這裡提到的「道」意指世界內在理法的「理性」，同時也是「話語」，還有包含在話語中的「邏輯」。

問題在於沒辦法分清楚人物和事件、個人和想法。如果是自己喜歡或尊敬的人，或許就能坦率地接受，但是連討厭的人都要一視同仁地接受就很困難吧。如果對對方沒有基本的信賴感，當對方說錯話的時候，兩人之間的關係就會因此無法延續。當焦點放在對方描述的事情上，且對這個人有信賴感的話，對方即便說錯或說出和自己不同的觀點也能夠接受。這種信賴感是因為把焦點放在對方的發言上才產生出來，還是與發言無關、單純對人先產生信賴感所致，這其實很難界定。

在政治上，即使所言無誤，但政治人物照本宣科朗讀官僚式的文稿，這種表達方式根本無法深植民心。即便在宣導防止疫情擴大的重要事項，但如果說話者的言論不被信賴，則有些民眾就會覺得自己沒有受到保護。

即便在臨死之前這種瀕臨極限的狀況下，弟子們仍然能批判蘇格拉底的想法，這正是因為蘇格拉底和弟子們之間擁有彼此尊敬和信任關係。這種尊敬和信任是互相的；弟子尊重、信任蘇格拉底，而蘇格拉底也尊敬、信任自己的弟子。正因如此，弟子們才能在那樣的狀況下繼續和蘇格拉底辯論靈魂是否不死。

我教希臘文教了很長一段時間。學生把希臘文譯成日文的時候，我會判斷內容是否正確，如果有錯就要告訴學生錯在哪裡且加以說明，這就是老師的工作。

站在老師的立場，不能因學生一、二次的失誤，就妄下評斷。因為學生是初學者，沒有充足的知識，會犯錯也很正常。老師必須挑出錯誤加以指正，但不能靠這些錯誤來判斷學生的能力。

在一般人際關係上也一樣，對方可能會說錯話，我們也可能會因為對方的話而受傷、憤怒。但是，我們沒辦法因為出現過一、二次這種情形，就斬斷和對方的關係。更何況親子關係幾乎無法徹底斬斷。無論孩子說什麼，父母都不會因為這樣就斬斷與孩子之間的關係。孩子和年邁的雙親之間也一樣。我的意思並不是說孩子即便做錯事，也要看成是對的。無論父母說什麼，孩子都應該要把焦點放在父母發言的內容上，只要擁有彼此尊敬、彼此信任的關係，就能做到這一點。

如果是這樣的話，感覺不僅一開始就要把焦點放在發言的內容上，而且由誰來發言也很重要。然而，為了做到不因發言的內容而去否定發言者，我們反而更要聚焦在話語本身，而非對人。

## ♜說話內容含有「說話者」的背景

人既有與他人可交換的一面，同時也有單向片面性。如此想來，究竟是說了「什麼」比由「誰」說重要，還是由「誰」說比說了「什麼」更重要？這兩種對立的說法固然各有道理，但最後還是必須綜合考量兩個面向，無法捨去其中一方。也就是說，人既有無法和「誰」（他人）交換的一面，也有能夠和「（說了）什麼」的他人交換意見的一面。從這個面向來看，即便是談論同一件事，人也不會光靠抽象的內容判斷，而是從一開始就從由「誰」說了「什麼」兩個方向思考。

乍看之下雖然是針對同一件事思考、發言，但思考與發話的背景不可能完全相同。思考時，將焦點放在說了「什麼」而不是「誰」來開口，這雖是正確且有意義，但實際上人很難只關注發言內容。即便是談論同一件事，結果還是會因說者是誰而有所不同。假設自己和某個人對話，而自己也只專注在發言內容上，對方或許能理解內容，但是不見得能理解自己。我們需要讓對方實際感受到，說話者是獨一無二的自己。

這並不是指對方一定要了解個人背景。和他人說話的時候，也沒必要了解對方這個人。不過，即使是一樣的話語，也要站在對方的立場才能理解對方是用什麼心情說出這些話。也就是說，我們需要的是阿德勒所說的「共鳴」與「一視同仁」。諮商的時候，就是要用這種態度來了解前來諮商的人。

## ♜ 對話就是生存方式的問答

然而，蘇格拉底的故事告訴我們，讓道從說話者身上獨立出來，最後就會變成在質問說話者的生存方式。尼西阿斯說過：

「我想你應該不知道，和蘇格拉底對話的時候，剛開始明明在說其他事情，後來就被蘇格拉底說的話牽著鼻子走，到最後一定會回到說話者自己身上，譬如現在選擇什麼樣的生存方式，以前過著什麼樣的人生。一旦聊到這裡，蘇格拉底就一定會仔細審視提到的事情，否則他是不會放人的。」（柏拉圖《拉凱斯篇》）

蘇格拉底會審視智者說過的話，但並不是在思考對方有沒有知識。與蘇格拉底對話，就是讓蘇格拉底審視自己的生存方式。這對說出「不受審視的人生，對人而言毫無價值」（柏拉圖《蘇格拉底的申辯》）的蘇格拉底來說，是一件理所當然的事。據說與蘇格拉底對話過的人，會覺得自己像被毒蛇咬到一樣。阿爾西比亞德斯說：

「我被哲學的話語啃咬靈魂，咬得比毒蛇更痛，而且咬在最痛地方。」（柏拉圖《饗宴篇》）

柏拉圖在《饗宴篇》安排阿爾西比亞德斯說出這段話，應該代表柏拉圖年輕時的心情吧。他年輕時應該覺得很慚愧，自己明明還有很多不足，卻無視自己的缺點參與雅典的國政。不管他願不願意，蘇格拉底一定會要他承認這一點，他當時甚至覺得要是蘇格拉底不在人世該有多好。

當然，這當然和阿爾西比亞德斯、也就是柏拉圖真正的心情相反，但是後來蘇格拉底真的去世時，柏拉圖的心情又是如何呢？蘇格拉底去世時，柏拉圖才二十八歲。

蘇格拉底認為「關懷靈魂」非常重要。

「你們希望得到更多金錢，而且關心自己的評價和名譽，但是毫不關心智慧和真實，也不關心該怎麼讓靈魂變得更加優秀，難道都不覺得這樣很可恥嗎？」（柏拉圖《蘇格拉底的申辯》）

如果對方對這種說法提出異議，認為自己很關心靈魂，蘇格拉底說「那我不會馬上離開，我會停下來繼續追問，仔細審視對方的意見」。（同前書）

就像這樣，對話最終還是會回到生存方式的問題上。蘇格拉底的對話是在審視人是否選擇正確的生存方式。

將話語從說話者身上區隔開來的辯證法，最後變成敏銳審視說話者的生存方式，這真的很有趣。即便剛開始談的是其他事情，最後話題仍會回到自己身上，然後進一步觸及說話者採取什麼生存方式。附帶一提，在此蘇格拉底說「關心該怎麼讓靈魂更加優秀」，但是在其他對話篇中則是用「關懷靈魂（psyches therapeia）」的方式呈現。這就是英語等現代語言上所說的「psychotherapy」，也就是「心理治療」。而心理治療就像蘇格拉底使用「審視」這個詞一樣非常嚴謹。

## 對話的成立條件

柏拉圖的《高爾吉亞篇》中提到卡里克勒斯具備對話者應有的條件，而蘇格拉底則提出條件的內容。卡里克勒斯的思想偏激，認為弱肉強食才是正義。

「人如果試圖充分審視對方的靈魂，思考對方的生存方式是否正確，那麼這個人就必須具備三個條件，也就是知識、善意以及坦率。我認為你已經具備這三

大條件。」（柏拉圖《高爾吉亞篇》）

我想進一步思考這裡提到的三大條件。

## 連智者也不懂的「知識」

首先是「知識」。

蘇格拉底在雅典的城鎮上和青年們對話。蘇格拉底說自己並非智者，而是什麼都不懂的人。而且，他與人稱智者的人對話之後，就知道那個人並非智者。

智者不會追求智慧。因為認為自己已經擁有智慧，所以不會再繼續追求。另一方面，無知的人也不會試圖追求智慧。因為這種人連自己的無知都不知道，所

以更不會追求智慧。只有介於智者和非智者中間的人，才會追求智慧。（柏拉圖《饗宴篇》）

蘇格拉底總是嚴格地審視自己的智慧和他人的智慧。蘇格拉底即便聽到阿波羅的神諭明指「沒有比蘇格拉底更聰慧的人」，也沒有因此自傲。神諭的事並不是蘇格拉底自己去問的。年輕時認識的其中一個朋友到德爾菲問神：「世界上有沒有比蘇格拉底更有智慧的人？」因為蘇格拉底知道自己並非智者，所以想搞清楚神到底想表達什麼。為了反駁神諭，他走到有智者之稱的人身邊，試圖尋找比自己擁有更多知識的人。因為只要找到一名智者，就能證明神諭是錯的。然而，經過一番「遊歷」（柏拉圖《蘇格拉底的申辯》）之後，他發現以下事實。

被稱為智者的人其實什麼都不懂，只是自以為懂而已。然而，人類都很無知。明白這點的蘇格拉底，僅僅因為了解自己的無知，就比那些連自己的無知都不知道的人更有智慧了。蘇格拉底終於明白神諭就是這個意思。

要了解這一點，首先必須知道非神的人類在智慧上眾生平等。人雖然無知，但也因此才會想要追求智慧。這也是熱愛智慧的「哲學」最原始的意義。畢竟人如果自認為有智慧，就不會再繼續追求智慧了吧。

## ♜ 對話的前提是雙方必須對等

只要雙方關係是對等的，弟子對老師或患者對醫師，只要有不懂的地方都能開口問。當然，在對等的關係下，為了能夠實現對話，具備《高爾吉亞篇》中提到的其他條件，譬如接下來要探討的「坦率」，就容易多了。教學的人只要了解對等關係，就不會擺出自己是在傳授知識的態度。

雖然有人會覺得蘇格拉底和對話者之間絕對不存在對等關係，但那是錯誤的理解。畢竟蘇格拉底不是神，不可能擁有完整的智慧。因此，當蘇格拉底聽到阿波羅的神諭明指「沒有比蘇格拉底更聰慧的人」，他也沒有相信神諭。蘇格拉底終究不是智者，而是熱愛智慧的人。在這點上，蘇格拉底和這個世界上的每個人都一樣。不過，其他人不了解自己的無知。只要是人類，就不可能擁有完整的智慧，蘇格拉底和與之對話者都一樣。而且，既然前提是對等關係，那麼擁有知識者傳達知識給別人，並不能算是對話。

對知識有這樣認知的蘇格拉底，在和青年們進行討論時，不會使用特殊的詞彙，而是用日常的一般用語。對蘇格拉底來說，使用有說服力或詞藻華美的話語不是問題。但是蘇格拉底只關心一件事，那就是有沒有說出真相。

七十歲時面臨訴訟的蘇格拉底，第一次前往法庭。審判的時候，蘇格拉底對陪審員這樣說：

「現在要求你們這些事情，我認為很正當。我說的話想必有些地方措辭不佳，也有些地方說得很漂亮，但是我希望你們不要太在意，只要專心判斷、仔細思考我說的話正確與否即可。」（柏拉圖《蘇格拉底的申辯》）

有很多人會說一些漂亮但沒內容的話。這種人就會應用修辭學。另一方面，對話的目的是知識或是真相，而非知識以外的想法或是貌似真相的東西。

蘇格拉底對那些人稱智者的人，也毫不客氣地批評對方其實什麼都不懂。當然，這些人一定覺得很不愉快。正因為如此，蘇格拉底才會被告上法院，最後甚至被判死刑。

## ♜「善意」能實現有助益的對話

為了實現對話，就需要剛才所見對話三大條件中的第二項「善意」。關於蘇格拉底提到的「善意」與「坦率」並非諷刺，而是在認同對話者卡里克勒斯。蘇格拉底認為卡里克勒斯對自己抱持善意，真的把蘇格拉底視為自己最親近的朋友，才會對蘇格拉底提出忠告。忠告的內容是在說人一旦過度熱衷於哲學，就會在不知不覺中變成廢人，最好多加小心。即便如此，蘇格拉底也沒有把卡里克勒斯說的這些話當成是諷刺，就是他真正厲害的地方。

如果對方沒有抱持善意，合作關係就無法成立。對話本身的確是一種爭論，但是對方的目的並非勝利。如果沒有抱持善意，就只會批判對方或想吵贏對方。

卡里克勒斯告訴蘇格拉底，弱肉強食也能通用於人類社會，這種弱肉強食就是「大自然的正義」。而且，他還說蘇格拉底之所以不懂這個事實，是因為過度鑽研哲學，哲學這種東西只要在年輕的時候稍微接觸就好，不能在過了一定年紀之後還一直持續鑽研。

說出這種話的卡里克勒斯也對蘇格拉底說：「我對你抱持著善意。」（柏拉圖《高爾吉亞篇》）

## ♜ 無須看臉色提問的「率直」

然而，光是有善意還不夠。雖然考量和卡里克勒斯之間的想法差異就會知道對方的善意令人吃驚，不過蘇格拉底評論高爾吉亞和波魯斯這兩位比卡里克勒斯更早有過對話的人物時，說「應該是說，他不夠坦率，心中有太多顧慮」、「我見過的人之中，大部分的人都不會像你（卡里克勒斯）這樣為我擔心，所以他們不會對我說真話」。我們絕對不能隱瞞想說的話或害怕搞砸氣氛。這個時候就需要對話成立的第三個條件，也就是「坦率」。

之前提到的「氣氛」或「場域」，都讓人變得難以坦率。之所以會強調氣氛和場域，是因為這些東西會抑制對話。而且，氣氛其實並非自然發生、穩固不動的東西，如果需要的話，氣氛是可以改變的。氣氛就像所謂的磁場一樣，無法全面支配在場的人。

前面提到阿德勒與憂鬱症患者的案例，雖然患者自己沒有自覺，但是患者會透過放慢說話速度來取得醫病關係中的優勢。這個時候應該關注的重點，並不是造成病患說話慢的原因，而是病患放慢說話速度的「目的」。患者放慢語速的目的是想要取得優勢。

另外，在蘇格拉底執行死刑的那天否定靈魂不死的，也就只有那些認為必須釐清問題的人吧。

我覺得現在有很多年輕人會坦率地詢問不懂的事情，也會問一些很尖銳的問題。在演講或課堂結束後，心中有疑問就會舉手發問。

不會馬上問問題的人，應該是在擔心問這種問題，別人會不會覺得「怎麼連這個都不知道」，所以想要聽完別人的問題之後再發問。

雖然一樣是問問題，但也有人會想透過問題來表現自己的優越。這種人不會傾聽別人的問題，就連演講本身也不會認真聽。在提問之前，一定會先在腦中彩排。直到自己有自信能說清楚之後，才會開始說話。然而，這個時候對話已經一直往前推進，但這種人只會留在原地。

鶴見俊輔在書中寫下，以前曾有人在演講的時候問了和演講毫不相關的問題。伊萬．伊里奇來日本時，演講結束後問大家「有沒有問題」，有一個人問：「您覺得吉杜．克里希那穆提（Jiddu Krishnamurti）怎麼樣？」（鶴見俊輔《何謂長大》）

這個問題和演講的內容一點關係也沒有。這個人只是想要向講者和其他聽眾炫耀自己有讀吉杜．克里希那穆提的著作，顯擺自己非常有學識而已。

我自己曾經在一場談阿德勒的演講之後，遇到聽眾問我：「您覺得維克多．弗蘭克怎麼樣？」弗蘭克曾經受阿德勒指導，所以不算和阿德勒毫無關聯，但我仍然覺得這個問題很唐突。

雖然會問這種問題的人比完全不問問題的人坦率，但這種人只在意別人如何看待自己，並沒有真的要與演講者對話。

猶豫要不要問問題的人和只想炫耀自己知識的人一樣，只關心自己。

只想著要好好表現自己，不聽別人說話就提問的人，就是不懂察言觀色的人。坦率的人會在心中出現疑問的時候馬上問。這種人也會被當作不懂察言觀色，但是在聽演講或聽課的時候，其他人心中一定也有疑惑，提問不只能解決自己的疑問，所以也是對他人的一種貢獻。

思考該怎麼確實提問其實沒有意義。因為不懂，所以當然沒辦法「確實」提問啊！

## ♜就算顯示自己無知也要提問的態度

田中美知太郎在書中引用高坂正顯的著作，描述高坂正顯仔細校對《哲學研究》中的西田幾多郎論文原稿的事情。（田中美知太郎《時代與我》）高坂正顯認為西田幾多郎的論文中出現「於」這個字很奇怪。因為內文反覆出現，所以應該不是誤用，但是高坂正顯又不想就這樣直接把校對稿送去印刷廠。因此，他帶著原稿和校對稿造訪西田幾多郎家。

「我覺得用『於』這個字不太對，您認為這樣真的好嗎？」

西田幾多郎翻了翻原稿，但還是說：「嗯，應該可以吧。」

其實，西田幾多郎在高坂正顯校對的《場所》之前，已經在《工作者》這篇論文中使用「於」這個字了。聽過自己的課也和自己聊過的弟子直接問：「您認為這樣真的好嗎？」西田幾多郎一定覺得很懊惱吧！

然而，只因為是老師寫的東西就保留疑問，這算不上是學問。高坂正顯沒有跳過疑問，直接詢問西田幾多郎，其實是一種善意。雖然我覺得西田幾多郎應該要在回答「嗯，應該可以吧」之後，對抱持疑惑的高坂正顯多作說明，不過，像高坂正顯這樣不擔心提問會顯露自己的無知，比起沉默不語已經好太多了。

從教師的立場來看，即便提出老師僅回答「課本上有寫」就足矣的問題，但凡有不懂之處就坦率詢問的學生都比沉默不語的學生更難能可貴。

因為這樣就能知道學生有不懂的地方。真的完全不懂的話，連問都不知道怎麼問。學生不問問題，有可能是因為害怕老師權威式地提問，也有可能是教學方式本來就有問題。

## ♜理解拒絕對話的人

前面提到對等是對話成立的前提，但很多人認為親子關係、師生關係、上司與下屬之間的關係並不對等，關係本來就不對等的人會強行壓制對方。對方一發怒，就會讓人想反駁也無法反駁，即便不情願也只好遵從。

想在人際關係占上風的人，其實心中懷有自卑感。這種人無法忍受別人占優勢或和自己平起平坐，而且戰戰兢兢地擔心自己不知道什麼時候會失去現在的地位。他們會認為必須透過權力來防止自己的地位被威脅，所以會大聲斥責別人。

真正優秀的人不會在別人面前炫耀自己的優秀，也不會暴怒。之所以會暴怒，是因為不想自己的無能被看穿。以工作為例，上司會把下屬叫到工作場合以外的地方，也就是第一戰場之外的第二戰場，透過與工作無關的事情貶低下屬的價值，藉此提升自己的價值。

只要了解這點，就不需要害怕暴怒的父母、老師或上司了。即便父母、老師或上司暴怒，只要專注在對方說的內容就好，不需要關注對方的情緒。如果對方說的有錯，及時指正即可。

## ♜解決問題用暴力還是對話？

大阪大學舉辦的「和平講座」上，奧本京子說過一段話。（〈單眼複眼〉《朝日新聞》二〇〇三年五月二十三日晚報）。

「二個人一組，其中一個人請用力握住自己的手。另外一個人試著把手解開。」

教室裡一片鬧哄哄。過一段時間，奧本京子說：

「有人跟對方說『請放開手』嗎？」

奧本京子這樣說：「為什麼會想要用蠻力解開對方的手呢？想透過和平的手段解決紛爭，就需要和對方對話，也需要想像力和創造力。」

從這個故事就可以知道，很多人都沒想到可以透過對話解決問題。即便不是透過物理性的蠻力，也會用不分青紅皂白大聲斥責等情緒化的方式試圖壓制對方。用這種方法解決問題，乍看之下的確簡單又有效。

然而，那只是暫時解決問題而已。我們在日常生活中可以看到很多這種例子。相較之下，透過對話解決問題，既費工又耗時。

## ♜在懷疑「理所當然」的時候，對話就成立了

以我的理解而言，哲學家蘇格拉底一生中的對話和承繼蘇格拉底精神的人進行的對話，並不是在認同既有的價值觀，而是為了徹底懷疑社會與文化的價值觀而存在。如同本書一再強調的，這並非否定絕對價值的存在。然而，即便是被認為有價值的東西，也不是一開始就擁有理所當然的價值。

因此，無論是什麼問題，都不能有先入為主的觀念，必須透過話語（道）來探討。雖然不用我多說，但是如果有人想封鎖言論，我們就一定要堅持抵抗。

村上春樹在和河合隼雄對談時，提到自己的小說裡雖然會寫到超自然現象，但現實生活中基本上並不相信這種事。有這種信念的村上春樹，告訴河合隼雄自己曾前往戰車、砲彈、便當盒、水壺都還留在原地的諾門罕戰場，把迫擊砲碎片

和子彈帶回飯店房間，結果，半夜醒來的時候，整個房間搖晃到無法走路的地步。他在搖晃的狀態下摸黑爬行，打開門，走到走廊之後，搖晃就突然停下來。

「我覺得這就像是精神上的波長對到了。因為我在故事裡面結合諾門罕戰役才會這樣。雖然我沒有把這個當成超自然現象，不過我有感覺到兩者之間的連結。」（河合隼雄、村上春樹《村上春樹去見河合隼雄》）

聽到這件事情之後，河合隼雄：

「我覺得要為這種現象命名真的很難，但是我相信那一定是真的。那是真實存在，只不過我不會用拙劣的方式說明。」（同前書）

除此之外，村上春樹詢問：關於《源氏物語》中的怨靈等超自然現象，是否也是現實的一部分？河合隼雄回答：「我覺得那完全就是現實。」（同前書）

如果回答「那有可能」並以此為結論的話，無論什麼對話都會到此結束。這就是在封鎖言論（道）。雖然風潮有高有低，但是超心靈現象往往容易吸引大眾目光。關於靈異現象，往往沒有太多討論，只是會承認「有」而已。這裡沒有臨死之前也要徹底探討靈魂不死的蘇格拉底。即便不說明為什麼生與死是兩個世界，大家也會毫不批判地接受這個觀念。

譬如說，伊麗莎白・庫伯勒・羅斯（Elisabeth Kübler-Ross）說：「死亡只不過是從現在這段人生轉移成其他存在而已。」（《永恆的告別》）有人可能會認為死亡並不代表消失，如果說死後和現在活著的時候沒什麼區別，那就可以不用害怕死亡。「現在雖然過得很苦，但是到了另一個世界就能得救」也一樣。因為沒有人能在活著的時候體驗死亡，所以一旦認為死不一定和生有什麼區別，把死當成是生的延續，就會有人為了逃離痛苦而結束自己的生命。

## ♜簡潔的話語產生的可能性與危險性

關於我剛才提到的事情，也許有很多人會毫不批判地接受。然而，當人聽到生於這個國家就應該要愛國的時候，很難去抵抗這種理所當然的說法。但是，人未必會因為生於某個國家就熱愛自己土生土長的國家，而且也不至於要被迫愛國吧。在談愛國之前，必須先思考什麼是「愛」。

埃里希．佛洛姆（Erich Fromm）說過，愛是一種技術，如果愛是技術的話，就需要知識及努力。然而，很多人並不覺得愛是技術。大多數人認為愛取決於對象。也就是說，愛很簡單，只是沒有愛或被愛的對象而已。（埃里希．佛洛姆《愛的藝術》）就這一點來說，愛國的對象就很明確了。因此，大家會覺得愛國很容易，而且理所當然。但真的是這樣嗎？

我們必須阻止自己把這種事視為理所當然。你可能會被巧妙的說法說服，然後停止思考。無論如何，在不知不覺中因逐漸不去思考話語真正意涵而對話語麻痺的人，就會變得不再去確認話語對應的事實。到最後原本只不過是名義上的話語卻跳脫事實而特立獨行，漸漸得到實際存在的假象。

話語具有暗示和象徵的功能。（藤澤令夫《理念與世界》）前者指的是話語與事物兩者之間的關係，表示話語與事物直接連結。另一方面，後者表示話語與事物沒有直接連結，中間存在想法或觀念，指的是話語、事物、觀念（想法）三者之間的關係。

話語擁有超越暗示的能力。當話語變成一種象徵的時候，便不只是名詞，也代表真理。這種具有象徵性的話語，和事物沒有直接連結。聽到這樣的話語時，我們理解的不是事物本身，而是彼此之間的想法。有想法和觀念介入，就形成三者之間的關係。具有暗示功能的話語，會有相呼應的狀況，但具有象徵功能的話語則會獨立在事物與狀況之外。

因此，被脅迫時人會說謊、小說家會創作。但是，「象徵性的話語屬於三方關係」這個問題，是指與眼前的事物或狀況無關，話語自個兒特立獨行且實體化。

「愛」本身沒有實體。實際上，「愛」只是一種行為。（埃里希‧佛洛姆《存在的藝術》）愛國心和正義這些話語，從來沒有人去驗證到底是什麼行為，就這樣被強制接受，有多少人因為愛國心和正義這些話語枉送性命呢？

## 克服被動

無論什麼時代都會有煽動者（煽動政治家），他們總是會說一些豪言壯語，抓住國民的心，要大家衝鋒陷陣。被煽動情緒的人會變得無法思考。認為任何事都並非理所當然，徹底懷疑並抱持批判精神的人並不多。這究竟是為什麼呢？我認為政治人物利用修辭學，或者有時透過權力支配國民，而且國民也就這樣接受支配。這是因為為政者和國民基本上都覺得自己是被動的存在。

認為眼睛看到的就是全部，這種感覺至上主義的現象前面已經談過好幾次了。然而，就像稍後會提到的，人絕對不能被動接受感覺到或察覺到的東西。

另外，如前所述，人並非完全無法抵抗情緒。英文中表示衝動、憤怒、熱情的「passion」，語源來自拉丁文的「忍受（patior）」，這樣大家應該就明白，這些詞彙一般都認為是被動的、難以抵抗的。如前所述，有必要的話，我們不只能抑制情緒，也能靠自己的意志創造情緒。

除此之外，人並不是在某種原因之下，單純被動反應的反應者（reactor）。當然，即便是同一件事，我也不能斷言任何人都會有一樣的反應。每次發生事情或災害的時候，諮商師會以心理療癒的名義被派往學校等地，但並不是每個經歷過可能造成創傷（心理創傷）情況的人，都會有一樣的反應。人不是反應者，而是行為者（actor）。

位於大阪池田的國小發生殺害兒童的事件之後，某位精神科醫師在電視上看到和這起事件有關的兒童在接受採訪時回答：「雖然現在覺得沒什麼，但往後人生的某個階段『一定』會出現問題。」這位醫師覺得很震驚。然而，就像這位醫師一樣，大多數人都認為，無論面對什麼情況，自己都只是單方面受外部刺激或當下的狀況所影響（patior），面對這些狀況自己是無能為力的。因為有這種想法，所以治療者即便想要療癒受傷的心，除了傾聽和站在患者的立場著想之外，沒有辦法做出什麼積極的行動。有這種想法的諮商師，沒有辦法透過話語（道）對話。

## 對自己的人生負責

先撇開天災或事故等重大事件不談，假設一個平常都很理性的人，因為某個契機大聲怒罵，這個時候怒罵就會被解釋成被憤怒的情緒支配，所以「一不小心就發火了」。也會有人用「雖然知道這樣做不對，但還是傷了人或者殺了人」這種說法。在希臘哲學中，這種情況就叫做「無自制力（Akrasia）」。意志薄弱的原因，就是因為明知某件事對自己是好的（有益），但還是覺得自己辦不到；或者說，明知道這件事不好（無益），卻還是去做了。究竟這種事情會不會發生是古希臘哲學的一個重要命題。

柏拉圖不認同有兩個以上的選項時不知道該選哪一個、遲遲無法決定這種內心糾葛。不選擇A行為，而選擇其他B行為的時候，你認為的善就是B而非A。像這樣，人們在選擇的時候會判斷哪一個選項為善，而這個選擇不能被外在的支配力量干擾。錯誤終究是基於自由意志的智慧產物。如此想來，諮商並非只是單純站在患者的角度傾聽，而是需要運用話語（道）的力量，才有可能達到真正本意上的對話。

如果人不是由自由意志，而是由外在刺激、生長經歷、環境（兄弟姊妹、親子關係、文化）等決定一切，那麼大前提就是人會因這些外在刺激而改變，所以在教育、治療、諮商等方面的對話都是無意義的。的確，外在發生的事件和環境會大幅影響人的決定，但是本人不會沒有選擇的餘地。或許人對這個選擇沒有自覺，但只要是自己的決定，之後就有可能改變。因此，即便是在選擇之後，仍然能改變生存方式。這就是話語真正意義上的自行負責。會說「你沒有錯」這種話的醫師或諮商師，會讓患者的責任變得曖昧模糊。

阿德勒說：「不能讓患者走到依賴或是不負責任的境地。」（《人生意義心理學》）所謂不負責任的境地，就是把不是自己選擇的其他選項當成痛苦的根源，看不見原本應該要負的責任。

而依賴指的就是治療者用「你沒有錯」這種話，引導患者覺得「原來這不是我的錯」，藉此療癒對方，讓患者依賴自己。即便有患者抗拒治療，只要說「自己往往不懂自己」，治療者就會變成權威者，很容易讓患者產生依賴。

不想讓生存方式變成自己為自己人生負責的人，最喜歡這種諮商方式。這種人無法擺脫「無自制力」的邏輯，生存方式非常被動，任何事都不靠自己判斷，只會接受別人的說法，負責拍手喝采。

另一方面，有些人雖然會發言，但是說的話並非自己的想法。這種人說話時會以權力為背景。埃里希．佛洛姆把這種人稱為「受虐型人類」。如果套用本書上的議題來說，或許也可以說是「說話時會以氣氛為背景」。埃里希．佛洛姆這樣說：

「受虐型人類無論是透過由外部權威當主人，還是透過良心或心理上的強制讓主人內在化，讓自己擺脫『作決定』的束縛。也就是說，自己不需要為自己的命運負擔最後的責任，也不需要懷疑任何決定。而且，也能從「人生的意義為何」、「『自己』究竟是誰」等疑惑中解脫。這些問題，可以透過與他人連結的力量獲得解決。人生的意義和自我認同，會在自我屈服的狀態下，由更大型的整體環境決定。」（埃里希・佛洛姆《逃避自由》）

孩子會被大人「賦予屬性」。「那朵花（那個人）很漂亮」的「漂亮」就是一種「屬性」，賦予屬於花或人的性質（屬性）。連恩（R. D. Laing）將此稱為「屬性化」或「賦予屬性」（attribution）。（*Self and Others*）

問題在於這種賦予屬性變成命令。譬如「你是個乖孩子」，並非單純敘述孩子很乖，而是大人認為孩子應該要這樣，命令孩子要乖乖的。

孩子可以抵抗這種賦予屬性。同理，人生的意義和自我認同由權力決定也很有問題。如同前面一直提到的，人類是自由自在的。屈服於這種權力也是自己的選擇，自由會伴隨相應的責任，無法承受自由的重擔反而會放棄自由，變得依賴有權力的人。

## ♜ 事前邏輯更勝事後邏輯

阿德勒曾經用過「自卑情結」這個詞。這個詞經常用在「因為是A（或者因為不是A），所以不能是B」這種日常對話之中。這裡說的A，就是他人不得不認同，而且也是自己想認同的理由或藉口。精神官能症往往會扮演A的角色。

阿德勒把這個邏輯稱為「人生的謊言」（《阿德勒心理學講義》），不只欺騙別人也欺騙自己。也就是說，將「迴避自己應該面對的課題」正當化就需要藉口，但首先人必須決定不要面對這個課題，而且事後再來建構正當化的邏輯。這個邏輯就是「表面上的因果律」（semblance of causality, scheinbare Kausalität，《追求活下去的意義》）。為什麼說是「表面上」呢？其實精神官能症患者所說的原因和症狀之間並沒有因果關係，而精神官能症患者之所以採用這種邏輯，就是因為這麼做可以迴避自我的責任。本來都是自己的選擇，但是患者把自己面臨課題時的猶豫，推給別人或當下的狀況（遺傳或父母的教育方式、環境，甚至是個性）等因素上頭。

諮商的時候，患者也會說謊。對方刻意說謊的時候，我們必須了解真相，但是「由衷說謊」的時候就沒有所謂的真實，人會把謊言當真。事後才會為行為找理由。然而，這種「事後（post factum）邏輯」，往往被當成是「事前（ante factum）邏輯」。

諮商的時候，絕對不能肯定這種事後邏輯。這種邏輯無法解決問題，當諮商師說出「你沒有錯」這句話的時候，責任歸屬只會變得更模糊而已。諮商必須努力發現「由衷的謊言」，然後對患者施以援助。一旦使用療癒的話語，諮商就會給人一種被動的印象。然而，實際上患者並不是被治療者治好，而是抱著強烈想要恢復健康的意志，和諮商師合作，透過對話驗證自我的邏輯並且審視自己的人生。患者只能靠自己的力量恢復，但是這條路非常艱辛。

事後邏輯會為了配合現實，毫不猶豫地改變。的確，這麼做也是情有可原。因為人會認為不能乖離現實。因此，就會以不切實際或無法實踐的理由，改變邏輯（道、話語）。

然而，「道」不會連結實踐與執行。如同之後會談到的，理論與理想並不會直接實現。因此，理論的確需要改善，但是不能因為理論不合乎事實，就為了配合現實撤掉整個理論。理想和現實距離遙遠的時候，人們會認為說明理想的道很空洞，也會認為說出理想沒有意義。然而，現實和理想之間的距離本來就遙遠。假設有一條法律，禁止人們在夜裡偷隔壁鄰居的雞。如果沒有人偷雞，那就不需要這條法律。正因為有人偷了鄰居的雞，法律懲罰偷雞的人才有意義。加藤周一把這個譬喻套用在憲法第九條上。（《憲法九條與日中韓》）

大家都認為「道」必須配合現實，其實只是因為有人想把現實改造成自己想要的樣子。發動戰爭需要的正當理由就是一個例子。這種人為了把戰爭正當化，所以需要正當理由（道）。這並非事前邏輯。因為與其說是為了某個理由而引發戰爭，不如說是先決定要開戰，「之後」才需要找一個能夠將戰爭正當化的理由。就這層意義來說，正當理由就是事後邏輯；或者說，戰爭其實有其他真正的理由，但是說出來的話大家就不會支持戰爭，所以才需要聽起來更像樣的正當理由。

除此之外，已經成定局的事實也會動用事後邏輯。以現狀已經不符合現實為由，主張改變道（譬如憲法）。事後邏輯就這樣被建構起來。

道雖然以理想為目標，但是如同截至目前為止看到的，也會有人因為現實的改變而透過道建構事後邏輯。這種事後邏輯仍然是一種「道」，所以我們必須對道的理所當然抱持懷疑。道並非絕對正確。

我們必須朝著事前邏輯前進，而非根據現實變化不斷改變形態的事後邏輯。否則「道」就無法成為生存的根基。

## ♜ 輕信話語

乍看之下好像有很多人不太相信話語。根據柏拉圖的說法，是因為言行不一才會造成這種情況。（《拉凱斯篇》）當父母振振有詞地說著大道理的時候，孩子會觀察父母的行為。「說出這些話的你，自己根本沒有做到嘛！」「強迫我做的事情，你自己根本就做不到啊！」孩子會觀察到父母的言行不一。聽到說一套做一套的人的說詞，一定會產生「厭道」（討厭言論）的心態。

克拉底魯解釋萬物流轉的時候，什麼都沒說，只是動了動手指。因為無法用話語說明，只好沉默不語地用手指指向某處。赫拉克利特說「人無法二度進入同一條河」。（柏拉圖《克拉底魯篇》）針對這個世界，柏拉圖和克拉底魯的想法是一樣的。雖然一樣指「這個」，但是萬物並非處於靜止不動的狀態，所以只能說是「像這個一樣」的東西。（柏拉圖《蒂邁歐篇》）另外，由於話語具有一般性和抽象性，所以應該會有人認為無法用話語描述獨一無二的人。

而且，體會過話語和企圖用話語描述的事態現象有所落差的人，就會厭道。

如此一來，就會失去對話語的信任感，比起傾聽話語本身，更傾向於觀察說話者或是推測說話者的心理與動機。（田中美知太郎《道與理念》）體會過將想法化為話語的困難之後，這些人就不會再努力克服困難，而變成厭道。

另一方面，也有人被歸類為好道（喜歡話語）。和剛才的厭道相反，這些人沒有感受過話語和事態現象之間的落差。認為自己感受到的，別人也會感受到；或者說，作夢也想不到還有和自己不同的感受方式。這種人會引起的問題，比厭道更大。

藤澤令夫這樣說：「與其說是對話語的懷疑，不如說是對話語的輕信，支配了現代社會。」（《理念與世界》）所言甚是。

## 跨越相對主義

結果，問題還是回到剛才看到的理念，是否為絕對的真理。托馬斯·斯勒扎克（Thomas A. Szlezák）指出，讀到柏拉圖對話篇中蘇格拉底和他人對話的景象時，如果內心產生抗拒或抵抗感，那就表示我們「身為民主主義與多元主義、反權威主義的二十世紀人類，無論有沒有自覺，情緒上都已經陷入相對主義之中」。（《讀柏拉圖》）

柏拉圖理型論的意義，在於這個世界的萬物都會徹底流轉，因此價值並非絕對的，相對而言，理型本身具有絕對的價值。除此之外，這個世界的價值明明並非絕對，但「偶像崇拜」卻和理想混為一談。

只有一種方法能避免這種混淆的狀況，那就是透過審視自我與他人，一直保持在陷入自以為了解之前的狀態。唯有透過自我內在的思考以及與他人的對話才可能做得到。

## 抱持改變世界的勇氣

營私舞弊的人，終究是在善惡的判斷上走錯路。只要政治人物和官僚知道，營私舞弊會失去國民的支持，那他們就一定會改變自己的行為。然而，他們之所以能夠毫不猶豫地營私舞弊，就是因為他們確信自己絕對不會失去國民的支持。既然如此，就等於縱容營私舞弊的國民，也認為這麼做是對的。

我們必須對這個世界上不合理的事保持憤怒，而且是理性的「公憤」。為了做到這點，絕對不能情緒化，一定要保持理性對話。以悲觀的角度來說，對方可能並不打算對話，但是批判或攻擊對方也無法解決問題。

前面提到過，阿德勒曾說：「我一直在思考，自己能為改變世界做些什麼。」（Phyllis Bottome, *Alfred Adler*）千萬不要認為在不合理的現實面前，自己束手無策，一定要找出力所能及的事。或許光靠一個人的力量沒辦法改變什麼。但是，只要聚集一群認為必須改變世界的人，這個世界就一定會開始轉變。

話語有能傳遞出去的，也有不能傳遞出去的。當然，這不是物理上的傳遞；並不是大聲說話就能把想說的話傳遞出去。但願本書裡的話語都能傳遞給身為讀者的你。屆時，我將不再自言自語，而是開始與你對話。

# 後記

撰寫本書大約耗費兩年的歲月，但其實本書的核心部分是從二〇〇七年就開始寫了。文中也有提到，前年剛過五十歲沒多久，我就因為心肌梗塞病倒。所幸，治療奏效留下一命，一年後又必須接受冠狀動脈旁路移植手術，出院後減少工作量，努力療養。

然而，我並沒有在家中無所事事。因為住院時，主治醫師告訴我：「你就寫書吧！畢竟書會留下來。」所以我便開始認真讀書。住院的時候，聽來探病的朋友提到有個維克多・馮・魏茨澤克（Viktor von Weizsäcker）的研究會，每個月都會研讀德文著作。雖然當時還沒有把握能外出，不過出院後隔月就開始參加這個研究會了。研究會的講師正是木村敏教授。本書之所以會大量引用教授的著作就是因為這個研究會。

雖然是因為有人委託出版才開始撰寫本書，但是寫作的進度不如預期，遲遲無法交出完稿。

就在這段期間，發生了東日本大地震。讓我覺得這個世界應該已經沒辦法恢復如初。實際上，至今仍然沒有復原。

從那個時候開始，我就把「憤怒」列為應該考察的重要主題。可能受到長年研究阿德勒的影響，我一直主張憤怒的情緒並非解決問題的有效手段。我認為只要透過話語進行對話，就不需要使用憤怒這種情緒。這個想法至今沒有改變，本書也提到對話的重要性。

然而，在那之後世界上仍然不斷出現不合理的事情，我心中的確充滿憤怒。這種憤怒的情緒究竟是什麼？這和人際關係中產生的憤怒不同嗎？

我心中抱著難解的疑問，就這樣過了好幾年。不立即下結論，持續保持思考，這好像是我的習慣。終於（我個人認為），在某年遇見三木清。第一次讀到《人生論筆記》是在我高中立志走哲學這條路的時候，所以正確來說應該是與三木清重逢才對。

三木清把憤怒分為「私憤」和「公憤」。知道兩者的差異之後，我長年的疑問得到解答。對不合理的事情，一定要保持憤怒。

而且，在兩年前，當時還在僧伽（sangha）出版社擔任編輯的佐藤由樹先生提出一個出版企劃案。從那份企劃書看得出來佐藤由樹先生仔細讀過我的著作（那段時間我謹遵主治醫師的話寫了很多書），不過企劃案的標題是「不憤怒的勇氣」。

我回覆說，如果是「憤怒的勇氣」，我就能寫。我想寫的雖然是憤怒，但並非「私憤」或「情緒上的憤怒」，而是「公憤」。我想嘗試撰寫如何才能擁有不沉默、不被動、積極改變世界的勇氣。而我這構想也被接受了。

在那之後過了兩年，新冠肺炎的感染趨勢絲毫沒有減緩。政府應對疫情的方式、在緊急事態宣言下舉辦東京奧運，以及奧運之後發生的慘事，都讓我怒火難息。

我以前一直覺得很不可思議，疑惑戰爭為什麼永無止息，但是體驗到「不是專家也知道辦奧運會讓疫情擴散，政府還是堅持舉辦」之後，我就了解那個時代為什麼會有戰爭了。

雖然心中充滿無力感，但是放棄撲滅心中怒火之後，怒火反而燒得更旺。我也了解到，動搖歷史的並不是無法抵抗的巨大力量，也不是由上至下強迫式的牽絆，而是共同的憤怒，才能改變世界。

雖然我殷切期盼，本書出版的時候大家已經能夠回想起以前曾經有過那樣的時代，但即便能夠回到平穩的日常，只要人們習慣袖手旁觀、毫不抵抗巨大的力量，那麼相同的情況還是會一再發生。

雖然本書原本預定由僧伽出版，但僧伽意外破產，導致無法出版本書。後來改由河出書房新社出版，真的很萬幸。

本書的出版要感謝佐藤由樹先生、川松佳緒里女士以及河出書房新社的尾形龍太郎先生用心閱讀原稿，並在疫情期間無法直接見面的狀況下，透過視訊的方式開會討論。真的由衷感謝大家。

岸見一郎

二〇二一年八月

# 參考文獻


Bottome, Phyllis. *Alfred Adler: A Portrait from Life*, Vanguard Press, 1957.

Burnet, J. ed., *Platonis Opera*, 5 vols., Oxford University Press, 1899-1906.

Descartes, René, *Les Méditations*, Œuvres philosophique, Tome II, Garnier Frères, 1967.

Fromm, Erich. *Escape from Freedom*（逃避自由）, Holt, Rinehart and Winston, 1941.

Goethe, Johann Wolfgang von. *Götz von Berlichingen*, Jazzybee Verlag, 2012.

Goethe, Johann Wolfgang von. *West-östlicher Divan, Epen. Maximen und Reflexionen*, HardPress, 2018.

Laing, R.D. *Self and Others*, Pantheon Books, 1961.

Manaster et al. eds., *Alfred Adler: As We Remember Him*, North American Society of Adlerian Psychology, 1977.

Rilke, Rainer Maria. *Geschichten vom lieben Gott*, Alica Editions, 2019.

Sontag, Susan. *Illness as Metaphor and AIDS and Its Metaphors*, Picador, 2001.
Thucydides. *Historiae*, Jones, H.S., Powell, J.E. eds., Oxford, Oxford University Press.1942.
アドラー、アルフレッド『生きる意味を求めて（追求活下去的意義）』岸見一郎譯，アルテ，二〇〇八年。
アドラー、アルフレッド『性格の心理学（人格心理學）』岸見一郎譯，アルテ，二〇〇九年。
アドラー、アルフレッド『教育困難な子どもたち（陷入教育困境的孩子）』岸見一郎譯，アルテ，二〇〇九年。
アドラー、アルフレッド『人生の意味の心理学（上）（人生意義心理學（上））』岸見一郎譯，アルテ，二〇一〇年。
アドラー、アルフレッド『人生の意味の心理学（下）（人生意義心理學（下））』岸見一郎譯，アルテ，二〇一〇年。
アドラー、アルフレッド『個人心理学講義（阿德勒心理學講義）』岸見一郎譯，アルテ，二〇一二年。

アドラー、アルフレッド『子どもの教育（兒童的教育）』岸見一郎譯，アルテ，二〇一四年。
伊坂幸太郎『PK（PK）』講談社，二〇一四年。
今西錦司『生物の世界（生物的世界）』（『中公クラシックス J8』收錄，中央公論新社，二〇〇二年）。
今西錦司『自然学の提唱（自然科學的提倡）』（『中公クラシックス J8』收錄，中央公論新社，二〇〇二年）。
上野正彦『死体は切なく語る（屍體的悲訴）』東京書籍，二〇〇六年。
加藤周一『羊の歌（羊之歌）』岩波書店，一九六八年。
加藤周一『9条と日中韓（憲法九條與日中韓）』かもがわ出版，二〇〇五年。
河合隼雄、村上春樹『村上春樹、河合隼雄に会いにいく（村上春樹去見河合隼雄）』新潮社，一九九六年。
岸見一郎、古賀史健『嫌われる勇気（被討厭的勇氣）』ダイヤモンド社，二〇一三年。
岸見一郎『三木清『人生論ノート』を読む（閱讀三木清的《人生論筆記》）』白澤社，二〇一六年。
岸見一郎『シリーズ世界の思想　プラトン『ソクラテスの弁明』（柏拉圖《蘇格拉底的申辯》）』

ＫＡＤＯＫＡＷＡ，二〇一八年。
岸見一郎『マルクス・アウレリウス「自省録」（馬可・奧勒留《沉思錄》）』ＮＨＫ出版，二〇一九年。
岸見一郎『人生は苦である、でも死んではいけない（人生雖苦，但還是值得活下去）』講談社，二〇二〇年。
岸見一郎『三木清　人生論ノート（三木清　人生論筆記）』ＮＨＫ出版，二〇二一年。
木村敏『あいだ（空間）』筑摩書房，二〇〇五年。
木村敏『関係としての自己（人際關係中的自我）』みすず書房，二〇〇五年。
木村敏『生命のかたち／かたちの生命（生命的形態／形態的生命）』青土社，二〇〇五年。
木村敏『心の病理を考える（思考心靈的病理）』岩波書店，一九九四年。
木村敏、檜垣立哉『生命と現実（生命與現實）』河出書房新社，二〇〇六年。
串田孫一『雑木林のモーツァルト（雜樹叢林裡的莫札特）』時事通信社，一九九三年。
スレザーク、トーマス『プラトンを読むために（讀柏拉圖）』内山勝利等譯，岩波書店，二〇〇二年。
田中美知太郎『ロゴスとイデア（道與理念）』筑摩書房，一九六八年（『田中美知太郎全集』第一巻收錄）。
田中美知太郎『時代と私（時代與我）』文藝春秋，一九八四年。
鶴見俊輔『大人になるって何？（何謂長大）』晶文社，二〇〇二年。
ドストエフスキー『白痴（白癡）』木村浩譯，新潮社，一九七一年。
長尾雅人譯注『維摩経（維摩經）』中央公論社，一九八三年。
中岡成文「対話と実践（對話與實踐）」（『新・岩波講座　哲学十』岩波書店，一九八五年收錄）。
藤沢令夫『ギリシア哲学と現代（希臘哲學與現代）』岩波書店，一九八〇年。
藤沢令夫『イデアと世界（理念與世界）』岩波書店，一九八〇年。
藤沢令夫『プラトンの哲学（柏拉圖的哲學）』岩波書店，一九九八年。
フロム、エーリッヒ『愛するということ（愛的藝術）』鈴木晶譯，紀伊國屋書店，二〇二〇年。
フランクル、ヴィクトール『夜と霧（活出意義來）』霜山徳爾譯，みすず書房，一九六一年。
ヘーシオドス『仕事と日（工作與時日）』松平千秋譯，岩波書店，一九八六年。
辺見庸『愛と痛み（愛與痛）』河出書房新社，二〇一六年。

星野一正『医療の倫理（醫療的倫理）』岩波書店，一九九一年。
三浦しをん『舟を編む（啟航吧！編舟計畫）』光文社，二〇一一年。
三木清『三木清全集（三木清全集）』岩波書店，一九六六〜一九六八年。
三木清『人生論ノート（人生論筆記）』新潮社，一九五四年。
三木清『語られざる哲学（從未提及的哲學）』（三木清『人生論ノート』KADOKAWA、二〇一七年収錄）。
鷲田清一『「聴く」ことの力（「傾聽」的力量）』TBSブリタニカ，一九九九年。
レイン，R・D『レイン　わが半生（智慧、瘋癲和愚昧）』中村保男譯，岩波書店，二〇〇二年。
ロス、キューブラー、他『永遠の別れ（永恆的告別）』上野圭一譯，日本教文社，二〇〇七年。

憤怒的勇氣：對不合理表達公憤，這個世界與你的人生就會改變。（IKARU YUUKI）／岸見一郎（Ichiro Kishimi）著；涂紋凰 譯─一版 .-- 臺北市：時報文化，2022.7；312 面；21×13×1.9 公分 .--（人生顧問；448｜ISBN 978-626-335-562-0（平裝）｜1. 憤怒 2. 情緒管理｜176.56｜111008583

人生顧問 448

# 憤怒的勇氣：
# 對不合理表達公憤，這個世界與你的人生就會改變。
（IKARU YUUKI）

作者：岸見一郎（Ichiro Kishimi）
譯者：涂紋凰
主編：湯宗勳
編輯：葉冰婷
美術設計：陳恩安
企劃：鄭家謙

董事長：趙政岷｜出版者：時報文化出版企業股份有限公司／108019台北市和平西路三段240號1-7樓｜發行專線：02-2306-6842｜讀者服務專線：0800-231-705；02-2304-7103｜讀者服務傳真：02-2304-6858｜郵撥：1934-4724 時報文化出版公司／信箱：10899台北華江橋郵局第99信箱｜時報悅讀網：www.readingtimes.com.tw｜電子郵箱：new@readingtimes.com.tw｜法律顧問：理律法律事務所／陳長文律師、李念祖律師｜印刷：勁達印刷有限公司｜一版一刷：2022年7月22日｜定價：新台幣380元



時報文化出版公司成立於一九七五年，並於一九九九年股票上櫃公開發行，於二〇〇八年脫離中時集團非屬旺中，以「尊重智慧與創意的文化事業」為信念。



ISBN：978-626-335-562-0
Printed in Taiwan